ホ・オポノポノ ライフ――
ほんとうの自分を取り戻し、豊かに生きる

零極限的美好生活

世上清理最久的人教你時刻體驗四句話的神奇

KR (Kamaile Rafaelovich) 女士著
龔婉如 譯

〈前言〉隨時進行清理吧！

阿羅哈！我的名字叫做Kamaile Rafaelovich，你可以叫我KR。我現在和兩隻愛犬住在夏威夷歐胡島的叢林裡。

自從十九歲那年遇見莫兒娜．納拉瑪庫．西蒙那❶之後，我一直藉由荷歐波諾波諾進行各種個人課程與身體工作。

「荷歐波諾波諾」是夏威夷自古以來流傳的解決問題方法，簡單的說，就是不仰賴任何人，可以自己一個人完成的「荷歐波諾波諾回歸自性法」（Self I-dentity Through Ho'oponopono，簡稱爲SITH），在本書中簡稱爲「荷歐波諾波諾」。在此，介紹一下什麼是荷歐波諾波諾：

在我們的心裡有三個自我❷，其中之一的內在小孩（潛意識）內心裡擁有跨越時代累積而來的龐大記憶。我們所遇到的問題與任何體驗，都是因爲這些龐大記憶在這個瞬間不斷被重播的關係。而消除問題原因（也就是記憶）的動作稱爲

「清理」❸，進行清理時需要幾種不同的清理工具（清理的方法）。

例如「四句話」。當你體驗到問題的時候，只要在心裡默唸：「謝謝你，我愛你，對不起，請原諒我。」即使無法說完四句，只唸「我愛你」也沒關係。其他還有一邊觸摸植物，一邊說「冰藍」（也是在心裡默唸）等許多清理方法。沒有一定的規則，只要順從自己當時的靈感，自由的使用自己想用的清理工具吧！

從基本的清理工具開始，我憑藉著靈感找到了許多符合當時情境的清理工具。從開始製作這本書到完成的清理過程中，出現了兩項清理工具，可以爲所有和這本書相關的人（包含讀者）、物品、場所與這本書進行清理。在這裡向大家介紹：

太陽爆炸的能量（Sun Burst）

當我們遇到很嚴重的問題、呈現憂鬱狀態時，簡直就像站在懸崖邊一樣。這是一個讓你在快要掉落懸崖前突破黑暗的工具。

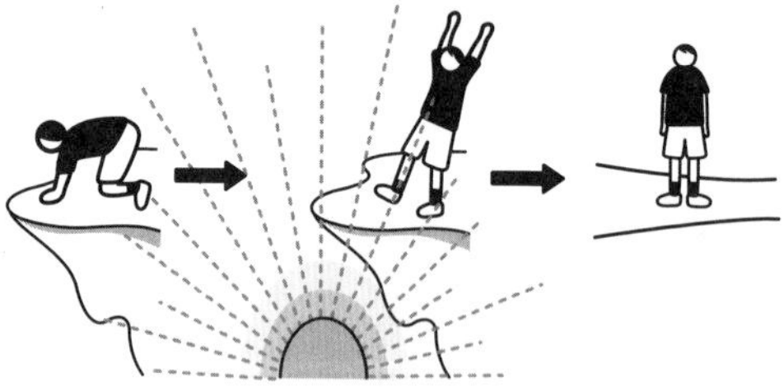

圖1

請想像一下，當你就快要掉落下懸崖之前，下方突然發出太陽爆炸的能量，將你從下往上推（如圖1）。

藍色太陽水搖搖杯（Blue Solar Water Shaker）

請想像製作雞尾酒時使用的搖搖杯。當你搖動搖搖杯的時候，不管何時何地，都會不停的冒出藍色太陽水❹。

請想像一下，當你體驗到任何問題時，自己先喝一口太陽水，接著再讓與這個問題相關的人、物品、動物、土地、國家喝，也要清理受到痛苦所傷害的大地、因暴力所苦的記憶（如圖2）。

這兩項清理工具是我送給大家的禮物。如果你心中得到任何感應，請將它們使用於日常的清理之中。再重複一次，除此之外還有很多清理工具，像

圖2

是「四句話」。你可以用當時最想使用的清理工具，讓我們隨時進行清理吧！

莫兒娜經常將荷歐波諾波諾比喻成自行車。她說，當我們想要解決問題時，就可以選擇踏上自行車（也就是持續清理），不論何時都可以將開始實踐荷歐波諾波諾當作解決問題的方法。不管任何場所或時間、有機物或無機物，都適用這套方法。

這本書的內容主要談論當你在日常生活中體驗到問題時，應該如何活用荷歐波諾波諾這套睿智的方法。首先，就從感受目前自己是活著的這個瞬間開始吧！在你閱讀這本書的期間，在我們內心裡的每一個瞬間都有無數個龐大記憶不停的被重播。閱讀這本書的同時，希望大家都能坐上這部名爲荷歐波諾波諾的自行車，使用清理工具來進行練習。

願平靜永遠存在。

注釋

❶一九一三～一九九二年，夏威夷當地的傳統治療師（當地人稱為「卡胡那．拉帕奧」〔Kahuna Lapa'au〕）。將古代荷歐波諾波諾發展成為「荷歐波諾波諾回歸自性法」，於醫療設施、大學機關、聯合國等地進行演講與指導。她的成就於一九八三年獲得夏威夷州議會推崇，被選為「夏威夷州寶」。

❷意識（尤哈尼，Uhane），為我們在日常生活中所認知的意識，是開始進行清理的部分。對內在小孩來說，有如母親般的存在。

潛意識（Unihipili，尤尼希皮里，也就是內在小孩），不只是幼小時期的創傷記憶，而是保管了這個世界誕生以來的有機物與無機物的所有記憶，並以感情與問題的方式重播、表現出來。清理的意識從尤哈尼傳達到內在小孩時，會再連結到奧瑪庫阿。

超意識（Aumakua，奧瑪庫阿），唯一能將內在小孩所傳遞而來的清理作用傳達到神聖的存有（神性，也就是萬物存在的源頭。可以藉由奧瑪庫阿所傳達而來的清理，執行荷歐波諾波諾的程序，並消除記憶。在本書中也稱為「宇宙」）。

❸

開始進行清理時，在「人」與「神聖的存有」之中所發生的作用

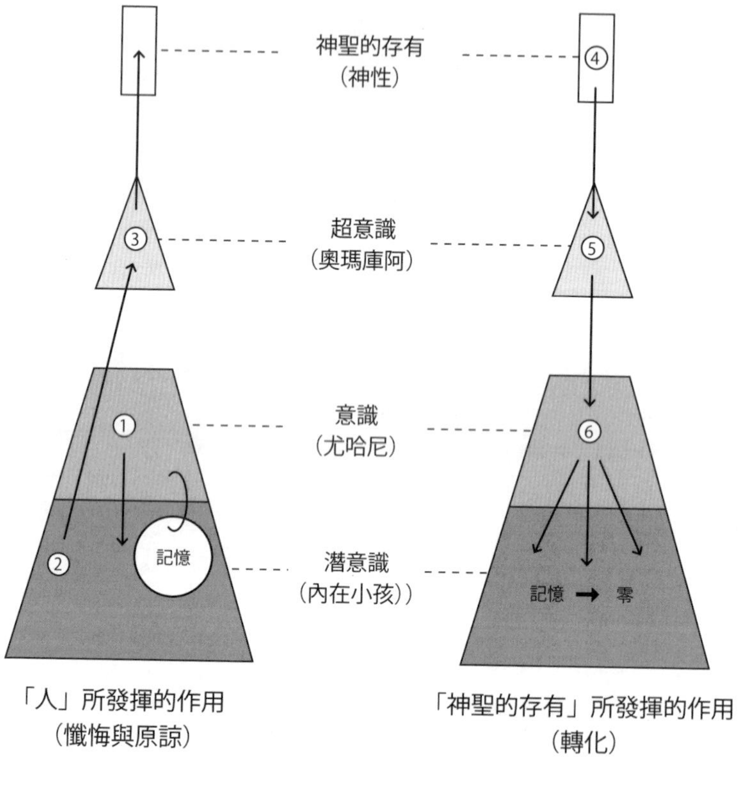

❹藍色太陽水除了可以當作飲用水之外，還可以用來做飯、洗衣服、洗蔬菜、泡茶、澆花等，是一項日常生活中可以實際使用的清理工具。

做法：

1.準備一個藍色玻璃瓶，將水（自來水或礦泉水皆可）灌入，蓋上蓋子（金屬以外的材質，如軟木塞、玻璃或塑膠等）。

2.照射日光三十分鐘到一小時，若是在沒有日光的夜間或沒有窗戶的室內空間，也可以用燈泡照射。

3.完成！

莫兒娜與我 1

小時候，父親曾帶我參觀美國東岸的戰爭遺跡。走在遺跡上，我發現心裡出現一個景象：我的腳下是一片血海，裡面有好多屍體，感覺好可怕。我眨了幾次眼睛之後，才又回到原本的景色。

當時我並不知道這究竟是什麼，一直到我快二十歲時，才知道當初體驗到的事是我自己記憶的重播，還有自己可以怎麼處理這件事。

一九六九年，當時十九歲的我突然有了想去夏威夷的念頭，就像突然被吸塵器吸住了一樣。等我回過神時，已經獨自搭上飛機了。現在想想應該還有其他的原因吧！但當時我就眞的只是想去夏威夷而已。

到了檀香山市區之後，我先找到住宿的地方，在這裡待了幾天。有一天早上，當我在威基基海灘散步時，有位女士從海灘的另一頭迎面走來，對我說了一句話。

「妳一定是來找什麼人的，要不要跟我一起走？」

我回答「好」，毫無疑問的跟著她走。

在卡哈拉附近一間安靜且清潔的房間裡，那位女士靜悄悄的坐在裡面等著我。她就是莫兒娜．納拉瑪庫．西蒙那。

「妳是否正在學習某些心靈的東西？」莫兒娜首先溫柔的問了我這個問題。

「沒有。」我說。

「眞的嗎？」莫兒娜又問。

當時莫兒娜已經將古代荷歐波諾波諾整理成對萬物更有效的方法，也就是荷歐波諾波諾回歸自性法，所以需要一個助理，協助她架構出完整的系統。

若想藉由清理、憑靠靈感架構出新的荷歐波諾波諾，就必須在零的狀態下接收神聖的存有（神性）的聲音，因此莫兒娜必須確認我心中是否已經有某些特定的知識。一直到現在，我仍然不知道她是怎麼找到我的。這就是我們相遇的過程。

就這樣，我開始和莫兒娜共度許多時光。我不知道爲什麼當時包含我自己在內的所有事物都運作得那麼順利，不過自從我飛往夏威夷的瞬間開始，就已經決定要做這件事，沒有任何疑惑與抗拒。

這或許是我第一次完全不抗拒宇宙的律動。一般來說，當我們選擇某樣東西、決定繼續進行時，過去的後悔與心理創傷就會浮現出來，彷彿某件驚險的事情在一旁伺機而動。但當時這樣的狀況不曾發生，寬闊的道路就在眼前，彷彿把我吸了進去一樣。等我發現時，一切都好像本來就已存在那麼自然。我想，這一切都是莫兒娜藉由清理所爲我準備的。

目·次·

第六章 自然

第七章 土地與房子

第八章 身體

KR

第一章

清理

清理帶我走向眞正的自己

我總覺得，到達某一個目的地並不是我們來到這個世界上的目的，朝著某地向前走的旅行，才是我的人生。對我來說，這個某地指的就是零，也就是「眞正的自己」。自從我第一次搭上帶我回到眞正的自己的交通工具——荷歐波諾波諾，不知不覺已經過了幾十年了。

一點一點的清理再清理，總之就是每天不停的清理。雖然目前仍然未抵達終點，但就是靠著每天不停的清理來度過人生。這就好比你很努力的用功讀書，後來終於當上醫生，但這並不是終點，而是當上醫生後將會體驗到的東西。

儘管如此，如果你太過疲累的話，就很可能會想：「我已經不想去終點了，旅行好累，好想休息。」這個時候可以暫時先離開荷歐波諾波諾這項交通工具。我們的心裡隨時都會有很多種選擇，一旦有了「還是來試試荷歐波諾波諾吧！」的念頭，就可以重新開始清理當下的「疲累」。

如果動腦、用心讓你感覺疲累，清理工具藍色太陽水、茶與植物將會帶給你力量。清理工具有很多種，首先大家可以創造一個適合自己與內在小孩的環境。

十九歲開始清理後，生活朝向完美綻放

人的一生就像花苞綻放爲花朵的過程。在花開之前，沒有人知道它會變成什麼形狀。一開始並不會有終點，也尚未決定目的地。某天，我們突然覺醒，從那一天起就開始藉由「我」這個人遇見所有的事物，有了各種體驗。

我在十九歲時第一次接觸到荷歐波諾波諾，從那時起就持續進行清理的動作，但卻不曾爲了某種目的或未來而清理。因爲清理的同時，會爲我們開拓出新的道路，因此自己對未來做太多設定也是沒有意義的。

我們在日常生活中可以學習到很多，像是生活環境、人際關係等，但說不定卻可以藉由清理當下，讓幾年後或明天的道路通往超越自己想像的地方。因爲只要腦中的既存記憶脫落，神聖的存有（也就是宇宙）就會爲我們準備一條全新的道路。

走在看不到目的地的全新道路上，或許令人感到不安，但這樣的學習並非沒有意義，而是藉由清理每一項體驗，讓你的人生憑藉靈感而存在，而非記憶。相反的，如果不清理當下的體驗，你就會生活在記憶的重播之中，在不自覺中體驗

著不同形式的記憶重播。

但只要你進行清理，就能在對自己最完美的時間點，朝著完美的方向開花結果。一旦感覺這個生存方式對自己或某人是不正確的，就使用荷歐波諾波諾清理這項體驗。爲了放下這些記憶，內在小孩會以不同形式顯現給你。不管是多麼聰明的人，都不會知道這是正確的，是你的記憶讓你誤以爲自己知道，其實只有神聖的存有才知道。

當我們持續進行清理，就會自然的感覺到這件事。即使不強迫控制他人，或是不被他人控制，自己的人生也會慢慢的變得寬廣。只要進行清理，在某一天回顧過去，應該就會發現眼前的風景和自己之前所看到的完全不同。

長期以來，我都生活在夏威夷的美麗叢林裡。當我十幾歲那年第一次降落在檀香山機場時，根本想像不到自己將來會過著這樣的生活。就經濟狀況來看，也想不到竟可以蓋一棟屬於自己的房子。最近，很幸運的獲得了訪問日本的機會，幾年前我根本沒有這樣的計畫。就這樣，我的人生非常自由，且越來越寬廣，完全不是由我自己的意志所控制。

不只是我，我最愛的家人也一樣。當我進行清理，在內心找到平靜時，身邊的家人、朋友、環境與大自然也都會回歸到最完美的狀態。

荷歐波諾波諾裡的握拳

當你希望願望實現、努力得到想要的東西、靠著堅強意志完成某件事情的時候，假設這些都是你的動機，「這就是我選擇的道路！」當你有這種強烈想法時，在荷歐波諾波諾裡，就是握拳。當我們握拳時，靈感的流動就會被遮蔽，這時候最需要清理。

用消極或積極、好或不好來判斷某件事情時，也是我們握拳的時候。而當我們感覺到「現在這樣好幸福」般的絕頂幸福時，實際上，在內在小孩之中或許也開始產生一些變化了。

當然，感覺到「幸福」是一件很棒的事，但記得不能將這種感覺變成握拳，而遮蔽了清理的波紋。當你執著於某件事、感覺自己正在握拳時，就要清理這個體驗。一般人與內在小孩之間經常沒有連繫，因此並不眞正了解什麼是高興、什麼是憤怒。但這並不是件壞事，我們希望你可以針對「這個好棒！」「這樣糟透了！」的體驗進行清理。

在這裡將荷歐波諾波諾比喻成自行車來說明。任何人只要踏上自行車的踏板，就可以往前進。假設你一直往前騎，某天遇到了一件開心的事，此時你情緒高昂的大喊「太棒了！」而停止繼續踩踏板，結果自行車就停了，人也摔倒了。

因此，你必須用右腳踩著踏板前進，看到全新的景色（體驗）時，接著用左腳踩踏板，以便爲這個體驗進行清理。接著再用右腳踩踏板，爲現在發生的事情（體驗）進行清理。像這樣一直踏著自行車（持續清理），你的人生應該就會以不同的樣貌與顏色呈現在你面前。不管什麼時候，都希望大家可以坐上荷歐波諾波諾這輛自行車，成爲可以隨時接收靈感、柔軟的自己。

外文學不好時，我這麼清理

我被稱爲全球實踐荷歐波諾波諾回歸自性法最久的人，既然持續四十年以上進行清理，就表示我的心中有很多記憶是花四十年也無法消除的。所以，並不是長時間清理的人，就擁有什麼特殊的能力。

其實，我是在生產之後才上大學。當時選擇了日文做爲第二外國語，我非常認眞學習，很努力做功課與預習（當然也努力清理），但是卻什麼都記不住。我向莫兒娜請教原因，她告訴我：「其實我們每個人都能理解所有不同的語言。」

我們現在出生於這個世界上，其實都不是第一次——伊賀列阿卡拉・修・藍和我一直都這樣告訴大家。我們雖然並非憑藉意識而有知覺，但卻曾經以各種人種或物體的形態存在於各個時代與國家之中，因此潛意識裡是能夠理解各種語言的。莫兒娜告訴我，我之所以體驗到這個問題，是因爲內心裡的記憶重播。

我們馬上針對這件事進行清理，莫兒娜說：「愛奴時代發生了什麼事呢？」她還說：「我不知道你、我或其他任何人有過什麼關連，但是如果我們在這個當下沒有針對當時發生的事情進行清理，日本、與日本相關的所有事物，還有日文這條道路，都不會讓我們通往那裡的。」雖然不知道原因，我仍開啓了內心與愛奴之間的記憶，還有日本與日文、現在的我的體驗，並仔細的進行清理。

於是我想，「雖然現在我是美國人，但卻不知道以前的我是什麼樣的人。可是現在因爲某種意義使內在小孩讓我體驗日文，所以給了我一個機會，讓我得以清理我的知性無法理解的東西。」基於這樣的立場，讓我持續對各種陸續浮現的事物進行清理。

就這樣過了幾十年，現在我有機會每天與日本民眾一起進行清理，在進行個別課程或演講時，當然有翻譯在旁協助，不過清理的時候卻從來不會因爲語言而受到阻礙。雖然聽不懂詳細內容，但只要旁邊有人在笑，那股有趣的感覺就會傳達給我，讓我經常忍不住大笑，也讓身邊的人覺得訝異。他們會問：「妳聽得懂我們剛才在說什麼嗎？」我回答：「YES!」大家又開心的笑了。

在個別課程中經常有人問我：「我沒有天分，所以不管再怎麼努力都學不好英文。」「我希望自己活躍於全世界，所以想要學會英文。」不要忘了，我們並不是爲了學會語言而進行清理，也不是爲了比較會背誦而進行清理。「到底是內心的什麼要我學會外文呢？」「爲什麼不讓我學好外文呢？」「他希望我出國嗎？」像這樣把自己體驗到的想法、看法、情感，仔細的進行清理，那麼心中的石頭就會一個一個被移除，即可清理問題最根本需要解決的部分。內在小孩就是藉由「想要學會外文」這個體驗，來告訴我們有某些記憶需要進行清理。

除了學習語言之外，努力用功希望獲得好成績、想通過某項檢定也是一樣的。我們絕對不是爲了獲得某樣東西而進行清理，而是爲了進行清理而讀書、通過檢定，爲了清理而進入好學校。

對意識來說，會以爲目前這個體驗才是人生最重要的目的，這也是無可厚非的。就連我也是花了幾十年的時間，才在不知不覺中自然的掌握到清理的節奏感。沒有必要這樣強迫自己控制情緒，認爲「都是爲了清理」！不過，就是在這種積極想獲得某樣東西時，更是可以藉由進行清理向我們的靈感學習。

當我們處於歸零的狀態下開始進行某項事物，每一項獲得的東西與學習的東西，都像是宇宙送的禮物一樣，會化爲靈感傳遞到我們面前。而在你持續進行清理時，也會降落到最適合自己的地方。

Foods that Breathe

正因為目前有想要解決的問題，
所以了解自己是很重要的。
Who am I？
就從了解自己究竟是什麼開始……

Buffet
SERVER
THE CLASSIC
NKERTOY

荷歐波諾波諾回歸自性法，
意思就是「認識眞正的自己」。

英姿挺拔的驚奇小姐（右）與長得很漂亮的莫札特（左）。

第二章

期待

藉由清理得到的靈感與行動，就會完美

世上有很多種生活方法，例如生活在都會中、大自然中……其中，有人吃素、有人遵從無農藥主義、拒絕一切化學物質，有人是因爲強烈的意志力而過著這樣的生活，有人則是逼不得已。

舉例來說，有人住在被高樓大廈包圍的都會之中，卻憧憬著沉浸在大自然中的生活，那麼就必須先清理這個想法；接著，如果體驗到自己因爲工作的關係而無法搬到鄉下去的想法，就再針對這一點進行清理。一直進行清理的過程中，可能會突然得到「來更換房間壁紙的顏色好了」的靈感，也可能會找到適合放在房間裡的植物或海報，又或許可以透過假期中造訪的地點獲得充分的休息。對某些人來說，這些都是表面的解決方法，但只要憑藉著清理所得到的靈感行動，得到的結果就會比花費金錢與時間所獲得的任何東西更完美。

正確答案並不存在於意識之中，藉由清理的動作，會在每一瞬間爲自己的生活帶來改變。如果能針對「想住在別的地方」這個體驗進行清理，或許就能放下「在都會生活是錯誤的」這個想法。

我們現在身處的地方就是最適合自己、最好的地方。或許有些人覺得不滿，但也正因爲有東西需要清理，你才會在這裡，做著某些事情、和某些人有所關連。只要繼續清理你在所處的地方所感受到的想法與體驗，自然會開啓下一條道路。

每進行一項清理，就會開啓一扇門，並且遇到各種不同的可能性。這趟旅程會一直持續下去。雖然執著可能會讓你感覺沿途看到一樣的風景，但每一個瞬間我們都會進行選擇，並開啓不同的門，端看你選擇「清理」或重播「記憶」。

之前住在遠方的兒子與媳婦曾問我要不要一起去紐約旅行，雖然很高興他們邀請了我，但卻又猶豫，不知道人車會不會太多太擠、我不喜歡逛街會不會害大家逛得不盡興等，各種情緒不斷的湧出，於是我只好先清理這些情緒，在答應他們之後再繼續清理。

越接近出發的日子，我發現自己越不想離開位於夏威夷這棟安靜、舒適的房子，感情用事到了幾乎想要落淚的地步。我對自己心裡居然有這麼深的執著感到驚訝，一方面開始進行清理，讓心裡對家的記憶開始慢慢剝離，感覺到我的家似乎變得非常輕鬆；一方面打從心裡感謝兒子與媳婦給我這個清理的機會，接著便出發前往紐約。

那段旅行非常開心。我去了很棒的美術館，發現了非常美味的披薩店，最重要的是，紐約行給了我許多進行清理的機會。因爲媳婦知道我平常休假時喜歡爬山、溯溪，所以看到我愉快的走在紐約街頭，她似乎也非常開心。

什麼是正確的、什麼是錯誤的，這些都不重要，重要的是我知道自己藉由家族旅行這件事，了解到自己所擁有的一切是多麼完美。

清理後，幸福湧現

對我來說，當我感覺到「我好幸福」的時候，就是感受到內在小孩與我之間的連繫，也就是「眞正的自己」，因爲這會讓我感覺到自己的存在與喜悅。即使發生不愉快的事，也可以藉由清理與內在小孩交流，找回和眞正的自己之間的平衡，讓我感到十分幸福。

我住的地方非常偏僻，偏僻到連汽車的衛星導航都找不到，就連外面的道路也僅能供一輛汽車勉強通過，但開車出門時又必須走這條路。所以每當我趕時間，而對向車道又有車輛出現時，就會忍不住想說：「你怎麼開的？快點後退！」

這條路有時會讓我覺得焦躁，但只要當下立刻進行清理，我就會主動讓路給對方先走。這麼一來，可能會發現之前沒注意過的美麗花朵；會想到就是因爲有這條小路，才會有這個我這麼喜愛的環境，而充滿感謝之意；會感受到一股自然的流動穿過滯留的空氣或場面……對我來說，這就是幸福。

只要接受這種不可逆的狀態，就可以在進行清理的同時，使自己的狀態處於下一波出現的浪潮之中。不需要勉強壓抑自己的情感，而是藉由清理，使自己成爲可隨著那股新浪潮的狀態。對我來說，那就是創造性與平靜存在的重要瞬間。

對年齡進行清理的好處

當我進行個別課程或身體工作的時候，一定會先詢問客戶的出生年月日與年齡。有些人會馬上把自己的年齡告訴我，也有些人會問爲什麼，而我之所以會這麼問，其實是爲了清理。

假設有一個人過去曾經是人類、動物、樹木或建築物，但是不管他重生幾次，卻都有在五十歲左右被殺、失去生命、損壞的記憶，那麼就算這個人的意識沒有察覺，但他的內在小孩卻會打從心底對接近五十歲這件事感到恐懼，讓他害怕又會被殺、被破壞、發生爭執。懷抱著恐懼的內在小孩會重播記憶，不斷的以不同的方式讓意識看見這些體驗，所以必須進行清理。

但是我們再次體驗之前，可以先清理現在的「年齡」，好事先消除記憶。像我就經常盡可能的針對身邊的人的年齡，以及建築物的年分進行清理。另外，大家都會對年齡抱著某些期待，例如幾歲之前要達到某個目標、幾歲之前要結婚、幾歲之前年收入要達到多少等。這些期待會使內在小孩受傷，讓我們與「眞正的自己」距離越來越遠，無法接收靈感。

對待小孩也是一樣。「這孩子已經快十歲了，卻還不會做這些算數。」「已經二十多歲了，還住在家裡。」「都三十多歲了，還找不到結婚對象。」做父母的經常會因爲小孩的年齡而對很多事情感到恐懼與不安，但這些其實都是記憶的重播。因爲不知道內在小孩的內心發生了什麼事，所以只要首先對自己、接著對與自己相關的人或物品的年齡進行清理，就可以爲對方整理出當時最完美的狀態。

任何時候都別忘了先爲自己現在的年齡進行清理。就好比與多年的朋友聊天時，常常會聊起從前的事，像是「那時候好年輕喔！」「如果那時候這麼做的話，現在的人生一定更美好」之類的話，這些體驗也是進行清理的好機會。回想起過去的事情，也是目前這個瞬間的體驗，如果能消除殘留於潛意識深處的記憶，對目前的自己最好的東西就會轉爲靈感降臨在我們身上。

因爲「時間」是我們在這個瞬間所體驗到的，如果可以藉由清理而與這個「時間」相處，不管何時我都可以成爲眞正的自己，不管與什麼年紀的人相處，都可以表現出眞正的自己。

看電視的時候，有時候會因爲年輕人說出我無法理解的話而感到訝異，此時我不會只說「時代眞的變了」，而會把它當成一個絕佳的機會來進行清理。

因爲我們生活在這個時代，所以如果有機會看見或聽見走在時代尖端的年輕人所說的話、所做的事，我就會把它當作自己心中記憶的重播，並且透過荷歐波諾波諾來接受這些事物。

由於內在小孩在這個瞬間裡，會將自己在某個時代的體驗，以不同的形式展現在我們面前，所以我便在這個瞬間集中精神進行清理。不要執著於過去，藉由清理當下，將記憶消除，由靈感來決定這個瞬間自己的生存方式。

一路走來，我已經針對自己的年齡進行了許多次清理。今天早上站在鏡子前，又發現一條皺紋時，也進行了清理（笑）。

如何成爲充滿魅力的女性？

Q：爲了成爲一個充滿自信的女性，我想讓自己更有魅力。雜誌與電視節目裡介紹了許多可以變得更有魅力的方法，但我卻不知道哪種方法最適合我。

我們的靈魂依附在這個身體裡，出生於地球之上，體驗著各種不同事物，像是最新的妝容、髮型、流行服飾或說話方式，甚至是最新的投資增值方法、尋找合作伙伴的方法等，不管妳有沒有親自執行，只要知道了這些資訊，就是妳自己的體驗。

在荷歐波諾波諾裡，這些體驗，也就是遇到的人、物品、資訊、流行等都是記憶的重播，所以要先清理這些體驗。我都是先進行清理，再看雜誌或電視。先進行自己心裡認爲應該做的事，之後會想：「不知道自己適不適合這種洋裝？」

然後再去買東西。

東西也有眞實自性，並不只是單純讓人買走而已。即使是相同形狀的商品，你與其相遇的時間點和方法，也會因爲不同物品而不同。賣場裡有些商品希望繼續待久一點，也有些商品等著你的到來。只要身處於進行清理的狀態，即使在無意識的情況下，你也會自然的在神聖的存有之下，採取正確的行動，這就是「眞正的自己」。透過眞正的自己所接觸到的物品或資訊，都會以原本的完美狀態提供你最適合的東西。

荷歐波諾波諾回歸自性法就是回到「眞正的自己」，因爲「眞正的自己」了解宇宙的法則，因此會在最適合自己的時間點、選擇最適合的事物，所以即使不用太過努力於增加自己的魅力，妳應該也會過得自信滿滿。

因此，如果妳不知道什麼對自己是最好的，不妨多進行幾次清理，再重新看一次雜誌，或許就會看到不同的靈感。即使這對大部分的人來說是好的，但卻不一定適合自己。景氣也一樣。如果社會不景氣，就不需要成爲其中的一分子。

受傷或生病的時候，並不是只要到醫院去，醫生就自動會來幫我們診療，而是必須先清理記憶中某個營造出到醫院的狀態這件事的東西，之後再到醫院去，這麼一來，就會遇到正確的醫院、醫生和藥物了。
不管何時、不論何地，都要記得清理喔！

第三章

人際關係

藉由愛看見彼此，而不是期待

男人應該養女人。
女人應該結婚、生子。
和貧窮的男人結婚，會變得不幸。
身邊的情侶看起來比我幸福。
反正只有漂亮的女性和有錢的男性才有異性緣。
偷情的男人最差勁。

如果你的心裡贊同上述的句子，那麼就可以從那個地方進行清理。一旦開始談戀愛，我們就會開始對戀愛觀與幸福下定義，也會有很多期待，所以必須一項一項進行清理。

爲什麼要清理呢？因爲不管做什麼，我們都希望維持歸零、純眞的狀態。零的狀態就是沒有記憶的狀態。如果不進行清理，只以自己對這些事物的期待與價值觀來看待或解釋自己與戀人，那麼問題就會一直出現。說得更清楚一點，戀人只是將你所擁有的記憶表現出來罷了。

與戀人體驗到某些問題時，我們可以在心裡找到許多藉口與理由，例如「因爲自己沒有魅力」「因爲對方的成長環境」「我要去可以遇到更好的人的地方」「因爲年齡的關係」等。結果不管你選擇哪個結論，也只是改變了遇見的人或發生的事情，但還是會體驗到相同的問題。

這麼說雖然可能不夠具體，但如果妳的先生是一個不肯工作、出軌、到處借錢的人，造成這些事情發生的原因，可能是幾百年前妳曾經把先生當成奴隸使喚。即使不知道眞正的原因，但現在妳所遇到的人，都是過去和妳有某種緣分的人。在荷歐波諾波諾裡，「緣分」不好也不壞，而是妳必須加以清理的東西。因爲有某件事情必須消化，才會在現在這個瞬間有了這樣的連結，所以要進行清理。爲了使自己和對方都歸零，爲了以「愛」和對方往來，因此要進行清理。只要一項一項清理自己的記憶，就能消除問題原因所在的記憶，讓對方不會引發問題，而且彼此都能從靈感發起新的行動。

由於彼此都戴著「期待」的眼鏡看對方，而無法展現原本完美的樣子，也因此不用強迫對方「看著眞正的我！」並強摘下對方的眼鏡。只要拿下自己的眼鏡，一切就會變得不一樣；只要妳展現眞正的自己，對方也會自然展現出眞正的姿態。藉由「愛」，可以讓彼此看到對方，而不是期待、執著與憎恨。

和喜歡的對象一起出去吃飯時，如果抱著期待來看待對方、與對方交談的話，會怎麼樣呢？對方會覺得很累，而且也會以相同的期待來看待妳。

結果因爲我們共同擁有記憶，當自己心中重播名爲期待的記憶時，對方的心中也一樣會重播記憶。所以當你一旦發現期待的訊號時，就要開始進行清理，這一點很重要。希望大家不要誤解，記憶並不是不好的東西，也不要覺得自己重播記憶是不好的。清理記憶可以讓自己歸零，爲了達到這個目的，才會將這些必要的東西交到我們手上。

只要當下針對體驗到的問題進行清理，就可以善加利用這段時間，並且以原本的樣貌面對彼此。能讓我們顯現出原本樣貌的人是非常棒的，雖然這段關係可能是普通朋友，也或許會爲你帶來一個很大的工作案子，如果只是想著「這個人居然是我的戀愛對象！」或「這個人明明是我丈夫！」那麼就會看不見對方了。

不管是戀愛關係、親子關係或朋友關係，人際關係基本上都是由構成「我」的三個自我開始的。自己（尤哈尼）會照顧內在小孩，而當兩者緊握雙手時，就會和奧瑪庫阿（超意識）產生連結，然後就會從神性（神聖的存有）那裡獲得靈感與愛。

只要在自己心裡進行這件事（荷歐波諾波諾）即可。只要心裡這三個自我眞正和平相處，就會創造出最佳的人際關係。

當你這麼做之後，戀人、家人、朋友與同事也會開始進行清理；街道、房屋、馬路、公司、大地也會傾聽你的聲音，並且開始愛你。愛靈感本身，也就是「眞正的你」。

只要你本身是愛，沒有人是孤獨的

許多人都期待戀愛、結婚、養兒育女，即使受了傷，經過調養後還是會再度期待。藉由荷歐波諾波諾，我學習到對於戀愛、結婚、養兒育女來說，最重要的就是自己對於當時重播的記憶要負百分之百的責任。自己當時體驗到了什麼樣的戀人或先生、在養兒育女的過程體驗到了什麼、透過先生這個人感受到了什麼，這些都不是別人的責任，而是必須在自己心裡持續清理的。對於清理，我們必須抱持誠意，因爲光是期待，願望是不會實現的。即使表面上有某件事情實現了，你或你的小孩、戀人、丈夫、家庭也會在某個地方發出哀嚎。這麼一來，就不可能以眞正的自己繼續活下去。

孤單與孤獨並不存在於自己的外在。即使生活中會遇到許多人，或是生長在大家族之中，如果不與內在小孩緊握雙手，「孤單」的記憶就會持續重播。但是若能持續進行清理，在家庭裡的關係、與另一半的關係就會成功。再重複一次，重要的並不是誰最早感受到這一點，而是每一個瞬間都進行清理，不是只清理某個項目。

如果在那個瞬間錯過了眼前稍縱即逝的東西（不論那是什麼），說不定這輩子再也不會遇到了。「說不定這就是家人生病原因的記憶，但也或許一點關係也沒有。」當你這麼想的時候，這個東西就消失遠去了。因此將眼前出現的東西一項一項進行清理是很重要的。家庭中到處都是進行清理的機會，所有到目前爲止累積的東西，都會以各種不同形式展現出來。

近幾年，有越來越多的女性非常介意年齡，並且對結婚、生產感到焦慮。對當事人來說，或許有某些無法一語道盡的情感、過去的體驗或感情創傷。結果就會以自己最終的目標，也就是結婚生子表現出來。如果希望從結婚生子中追求「幸福」，就必須退一步重新審視「眞正的自己」究竟是什麼，這就是荷歐波諾波諾。「幸福」並不是到某個地方就可以找得到的，而是當妳回到「眞正的自己」時，心裡就已經存在的狀態。

首先，針對爲了獲得幸福必須得到的東西、希望的立場或想要的結果進行清理。在這期間，內在小孩應該就會發現原因所在。內在小孩會讓我們看到許多事情，例如嫉妒最近結婚的好友、因爲父母擔心自己而產生的壓力、對媒體資訊的不安、昨天搭電車時看到的某個場景等。而意識（也就是自己）可以做到的，就是不要抗拒或分析，並且逐一清理。這麼一來，即使原本妳強烈希望有小孩，並且認爲這是人生最大的目標，那麼這個體驗的根本原因，也就是記憶，就會從你的心中剝離，得以進行最大的清理，然後適合你的事情就會發生。大家不妨先試一次看看。

我們生存的目的並非結婚、生子或獲得較高的社會地位，而是對目前走來的人生一一進行清理，並藉由這樣的累積，將自己寄託於神聖的存有之中。相反的，如果蒙蔽自己的雙眼，看不見社會價值觀的話，總有一天還是會再遇到一樣的煩惱。當你的雙眼被蒙蔽時，所看到的願望與希望都只是記憶的重播罷了。

假設你認爲人生最大的目的就是在公司步步高升，但即使你朝著這個目標持續人生這趟旅程，到達目的地之後所看到的風景，或許也會完全不同。因爲「目的地」也是記憶的重播，某天或許還會改變成不同的樣貌，帶領你開始另一段尋夢之旅。

我們通常會讓自己成爲自己的俘虜，所以經常會有「變瘦就能幸福」「進入好公司才能獲得家人的認同」「要結婚才會安心」這種「只要我……的話，就可以……」的想法，而將自己套上不自由的枷鎖。但我們本來就是完美的存在，只要自己處於零的狀態，就能隨時擁有靈感、和平且富足的生活。

只要持續進行清理，就能獲得靈感，並繼續往後的人生。獲得某樣東西並不是人生的精采之處，只要你心中充滿靈感，或許某天早上倒垃圾的瞬間也能體驗到這世界最大的富足。

不要讓你的人生受到記憶束縛，只要藉由進行清理而取得靈感，就會變得柔軟、有適應能力，可以接受變化，體驗到更多美好的事物。而所有這些都會轉變成愛出現在你的面前。只要你本身是愛，不管是人或大自然，所有事物都會接受你。在神聖的存有面前，孤單是不存在的。

經常陪在身邊的人最需要清理

假設妳現在有一位共同生活的丈夫。

妳和丈夫在這輩子相遇，事實上，這並不是你們第一次相遇。不只家人，就連朋友、戀人、同事也一樣。

如果現在妳和某人的關係發生了一些問題，使妳變得感情用事，那麼這樣的體驗在過去應該已經發生過幾千次、幾萬次了。這是因爲你們在之前所發生的各種體驗沒有被消化的狀態下出生了，結果這些體驗改變了形狀與場景，化爲目前所發生的問題，使你們再次體驗。

不管把責任推卸給誰，這些體驗仍會繼續發生，所以即使在這裡停止也沒有意義。如果問題的原因出在丈夫身上，那麼掐死他就解決了（笑）！但是，荷歐波諾波諾並不是這樣的。妳因爲與丈夫之間的問題所體驗到的情感與思考，才是清理記憶的關鍵所在，所以不管何時都必須著眼於此。

在你們兩人過去的關係中，或許只是妳自己不好，也或許更早之前你們是親子關係，不過妳並不需要知道過去兩人是怎麼樣的關係，因爲你們在這輩子已經又再次相遇。當然，人都有憎恨、喜好的情緒，但記住，不管何時都要想起這件事，並且進行清理。

雖然我不知道過去曾經和這個人發生了什麼事，所以成爲現在的樣子，但只要一直重複「對不起，請原諒我，我愛你，謝謝你」，不管有沒有用心，都一直進行清理，直到心情平靜，明天、後天也同樣持續清理。不可思議的，大多數的事情就會平靜下來，可能會進化爲讓自己訝異不已的關係，或是自然而然消失。無論如何變化，都會讓你們彼此變得更自由。

莫兒娜經常說：「越是經常陪在自己身邊的人，就越是必須進行清理。」舉凡我們的家人、戀人、好友，以及所有現在在你身邊的人、物品、地方，都會賦予你放下記憶的機會。在你轉移目光之前，先進行清理吧！忍耐到假裝忘記之前，先進行清理吧！因爲說不定這是最後一次可以對記憶放手的機會了。只要對彼此之間的關係不抱持任何記憶，喜歡或厭惡的記憶就不會再重播。

如何改變與丈夫之間的關係？

Q：目前我正身陷於丈夫的家暴之中，雖然丈夫與我都持續進行許多清理，但卻沒有任何改變，該怎麼辦？

在荷歐波諾波諾之中，並不是只要清理，其他的什麼都不用做。如果需要離家的話，就離家；需要報警的話，就報警。不能只是進行清理，其他統統交給神聖的存有，而自己什麼都不做，這樣是不對的。

不只是進行清理而已，還要清理每一件體驗到的事物，並累積這樣的過程，才算完成。無論是精神上或生理上，隨時都要把自己放在最重要的地方。如果妳清理完恐懼之後決定離家，但又害怕離家之後無法生存，可能會體驗到不安，此時就必須清理這個想法。如果想找朋友商量受到丈夫虐待這件事，我會在商量之前先清理那個朋友的姓名與年齡。唯有靠自己去清理每一個瞬間，才能將自己寄託於神聖的存有裡。

開車時我會繫上安全帶，遇到紅燈時會停車。有一次，我與某個人的關係讓我感覺到有必要通知警察，於是我就報警了。從這段過程的開始到結束，我只是針對每一個瞬間進行清理，就連現在當我體驗到自己回想起這件事的時候，我也進行清理。

當家庭中發生暴力時，對房子的傷害是很大的。或許我們居住在這棟房子之前，這棟房子（土地）就已經有過受虐的體驗，而房子在沒有治癒的狀況下，就會重新表現出痛苦與恐懼。所以，房子是很重要的。使用藍色太陽水進行掃除，與它說話並進行清理也很重要。我們是為了消除房子與我們之間的記憶，才會住在目前這棟房子裡。

曾經有人為愛犬的疾病而煩惱，但在他持續對房子進行清理之後，愛犬的病症就突然一掃而空。不管是什麼原因導致這個問題，意識是不會知道原因的，因此發自內心的對房子進行清理是很有意義的。

除此之外，大家是否曾經在電視新聞或電影裡看到暴力畫面後，心裡受到震撼而哭泣，變得感情用事？我平常很少看電視，偶爾會看到這樣的畫面，其實也是記憶的重播。這時不能光想著不要繼續看了，而只是把電視關掉，應該要清理這個體驗。因爲當你將這些暴力體驗當作自己心中既存的記憶來進行清理之後，或許能避免將來自己接受或給予他人語言或肢體上的暴力。

在荷歐波諾波諾裡，「自己以外」是不存在的。所有的原因都在自己，也就是記憶。清理之後，不能只是等待對方改變，自己本身也會不停的進化，因此可以獲得靈感，持續往下一個階段邁進。

假設目前這個瞬間，眼前出現了一個對自己來說是敵人或盟友的人，當然如果是敵人的話，就會做出對我們不利的事情，不過荷歐波諾波諾告訴我們，眞正的原因還是在於我們的內心。可能在這個人生開始之前，自己曾經迫害過對方。雖然不知道確切原因，但是這輩子我們再次相遇，有了給彼此放手的機會。

「Peace begins with me.」也就是「平靜與我同在」。

修．藍博士經常引用耶穌基督說過的話——愛你的敵人。這裡所說的敵人，指的不是對妳施加暴力的丈夫，而是這個體驗的原因，也就是記憶。一直未受到清理、持續重播的記憶透過內在小孩再一次出現，讓我們有了放手的機會，要不要進行清理，決定權在妳手上。

妳沒有必要強迫自己愛那個動手打妳的人，也不需要等待對方改變。首先要愛護自己，可以去做需要做的事。在這段期間，荷歐波諾波諾會陪在妳身邊，讓妳得以進行清理。消除記憶才是「愛你的敵人」的眞正涵義，這是我從莫兒娜身上學到的。

第四章

金錢

金錢、身體與靈性之間的關係

莫兒娜是個十分溫柔卻又嚴厲的人，在她擔任卡胡那（夏威夷治療師）的時候，許多來自世界各國的人都來向她請教，其中包括從事靈性工作、進行靜心特訓、超能力者等各式各樣的人。其他像是職業高爾夫球冠軍、賈桂琳．甘迺迪、名演員李察．張伯倫，以及知名企業家戴爾都曾經來找過她。

不管來的是什麼人，莫兒娜都會透過清理、集中精神來注視對方的意識與潛意識之間的平衡，這也是荷歐波諾波諾的基礎。而另一個基礎則是「靈魂、經濟、身體」三者之間的平衡。有些人的意志特別堅強，例如「即使花光積蓄也要靜心」「爲了活得更有靈性，應該拋棄一切世俗」「金錢是最重要的，身體其次」，此時進行清理就必須特別注意。

我們都是以這個身體、這個靈魂出生於這個時代之中，因此最重要的是要確保身體與靈魂的安全。這是我們從出生的那一瞬間起，最美好的工作之一。在這個基礎之上，針對藉由這個身體所遇到、體驗到的事物進行清理，就是生存的最大目的。

進行靈性活動時，我們的身體會受到強烈的影響，因此爲了保護支持我們行動的身體，經濟條件是必須的。若只是爲了解除經濟壓力而從事靈性活動，這樣是不正確的，因爲靈性絕非逃避現實的工具。

對經濟負責

對這個身體負責

對自己的靈魂（靈性）負責

不論何時，這三點都應該並列，且缺一不可，否則任何事情都無法順利運作。如果爲了靈性活動而壓抑情感、犧牲工作或家人，都是蒙蔽現實、忽略內在小孩的做法，這樣的行爲是不對的。

相反的，如果這三點能取得平衡，那麼自己心中的靈性就會逐漸開放。取得「金錢」「身體」「靈性」三者之間的平衡，並進行清理之後，不管你想成爲僧侶、音樂家或公務員，都能獲得靈感，自然的向前進，身邊的人也不會因此而感到悲傷或痛苦。若能在三者之間取得平衡的狀態下進行清理，許多人因此順利將小公司發展成爲大企業、晉升爲董事長，經濟上也變得穩定。我們更希望經濟上有困難的人能了解一件事：當心中靈性的部分與身體受到重視，並持續進行每一瞬間的清理，就能精準的接受神聖的存有所賦予我們的東西。

靈性的感應絕非可以透視過去與未來的特殊力量，而是使我們發現自己本來就擁有某樣東西的力量。因爲感應得到靈性的人與內在小孩有所連繫，因此可以獲得周圍的人望，得以使經濟（社會）這個眞實自性與自己本身處於協調。

「金錢」原本就是具有靈魂的神聖存有，那些爲金錢而煩惱的人，大多是因爲曾經因金錢而受到創傷。可能曾經因爲金錢而離婚、與好友吵架、被人搶奪過財產或在幾百年前因爲金錢而被殺害。雖然我們不知道曾經發生過什麼，但爲了放下這些記憶，內在小孩才會在這個瞬間藉由金錢問題讓我們看到這些。

與錢扯上關係時，你都抱持著什麼想法呢？不堪、不夠、有錢人是壞人、麻煩、想成爲有錢人、我會遭人嫌棄就是因爲沒錢、每個月還錢好痛苦、我討厭銀行、罪惡感、滿足感、自卑感……只要一一針對自己平常使用金錢時的體驗進行清理，相信你與金錢的關係就會越來越自由，也可以恢復到原本最完美的狀態。

我們常有很多機會可以爲金錢進行清理，例如有了某樣想要的東西、發薪水、付房貸、每天的購物行程、去銀行、看到存摺餘額、與有錢的朋友聊天、想起自己小時候父母爲了金錢奔波等，這表示內在小孩心裡一直以來都存在著記憶。

「想要得到宇宙爲妳準備的東西，就必須將這些厚重的記憶一個一個清理乾淨。」幾十年前當我經濟困頓時，莫兒娜曾經對我這麼說過。現在回想起來，這段文字雖然簡單，卻是支持我、爲我帶來變化的一句話。它讓我知道，即使自己沒有錢、沒有信用、沒有自信，卻還有我可以馬上做到、且做得好的事情。

想要的東西這樣清理

孩子剛出生時，我的經濟狀況非常不穩定。因爲我是單親媽媽，不知道其他正常家庭的狀況如何，所以並沒有與他人比較的痛苦。不過當然也會有想要或需要的東西，對當時的我來說，那就是車子。

我曾帶著小孩去看二手車，當我知道自己買不起車、不得不放棄時，心中不禁出現了悲傷的情緒。那時我已開始學習荷歐波諾波諾，所以就在悲傷的體驗之中開始進行清理。因此我沒有沉溺於悲傷，反而自由的悠游於悲傷之中。

一天又一天，我持續體驗著悲傷，但也同時進行清理。不需要強迫自己走出悲傷或是思考其他事情，只要重覆說著四句話，在孩子們都睡了之後，慢慢進行「ＨＡ」呼吸法❶，以自己覺得輕鬆的方法持續進行清理。而當我期待自己進行清理以消除悲傷的情緒時，就會再針對這個體驗進行清理。不知不覺的，當我看不見那個體驗時，接到了住在美國的父親打來的電話。

「妳想要車嗎？」父親說。

「想啊！」我馬上回答。

「那我寄過去給妳。」結果父親眞的爲我送來一部車。那是祖母新買的車，一部幾乎全新的豐田汽車。因爲舊車比較好開，所以父親一直猶豫要不要把新車賣掉。

我在車裡裝滿孩子們的嬰兒車與行李，並且開車載他們到各個海灘兜風，還有開車去上班。拜訪客戶時再也不用留意公車發車的時間，每天可以安排更多的個別課程與身體工作。因爲進行清理，我獲得了一部車；因爲清理，我的生活變得更充裕。

即使清理了這麼長的時間，
還是有很多要努力的，
例如住在附近的鄰居。

但是，只要想到他們讓我有了清理的機會，
就能夠隨時自然的以笑臉與對方打招呼了。

與家人在聊天中獲得靈感所繪製而成的餐桌。

很多人以爲記憶是不好的，
但記憶本來就存在於自己心裡，
它能夠重新出現在這裡、
出現在我們的人生當中，
是很美好的一件事。

© 2011 Miko Walczuk

經濟狀況不好的時候，與孩子們一起將撿來的貝殼排在木板上，
再請衝浪板店加工後做成的桌子，是我最珍愛的東西。

「要不要進行清理？」
這是我被賦予的最佳選擇。

當我們緊握拳頭、拚命想要得到某樣東西，這些都是記憶的重播，而不是靈感。即使費盡千辛萬苦得到了，也會因爲這不是我們靈魂想要的，所以無法獲得滿足，並發揮其最大的目的。但如果進行清理，就可以讓緊握的拳頭放鬆並產生空隙，而獲得靈感，也就是最適合的東西。這也是許多實踐荷歐波諾波諾的人與我們分享的體驗。

我高興的把這件事告訴莫兒娜。

「因爲妳進行了清理，所以（車子）就在正確的時間、以正確的狀態出現在妳面前。」莫兒娜又說：「如果妳沒有進行清理，而更早得到車子的話，說不定就會發生大問題了。」

莫兒娜經常告訴我們，意識，也就是我們自己，不會知道什麼時候是最佳時間點、什麼才是正確的，因此在開這部車之前，我便對心中對這部車既有的記憶進行清理。

首先將獲得車子的喜悅、車子的形狀與顏色等想法、車子的品牌、車號、保險號碼等所有出現的事物一一進行清理，過程中就會得知車子本身的新名字。此外，在開車之前、開車途中，當我想起這件事時，就用這個名字對它說話，一邊持續進行清理。

後來這部車陪了我十五年以上。雖然我不太會開車，但是它仍然是我最愛的車，而且它也不曾發生過任何事故或問題，非常盡責。我非常喜歡這部車，所以轉手時非常難過，因爲這部車給了我很多進行清理的機會，一直到最後一刻。

需要錢的時候請這樣做

好想要錢、想賺大錢、錢不夠花……這些都是大家共有的記憶。在此，向大家介紹一些對於金錢最基本的清理，還有我目前所實行的方法。首先，請將左列事項寫在紙上：

收入來源

公司名稱（如果妳是家庭主婦，請寫上丈夫的公司）

公司地址

公司負責人姓名

與公司往來的銀行名稱
自己的銀行帳號
各種稅金
薪水
發薪日（如果你是公司經營者，請寫上放款日）
自己的職位
水電費帳單
自己目前對金錢的想法
與自己相關的貨幣（如台幣、美元、歐元等）
認爲自己是怎麼運用金錢的（如很隨便、浪費等）
記帳簿（如果有寫的話）
（其他想得到的事項都盡量寫上）

將這些事情寫在紙上後，我會一項一項仔細的進行清理，也可以將每一個文字裡冒出來的想法或體驗寫在紙上。例如：寫下每個月的薪水後，想起了當初打工時的店長，就把店長的名字寫下來；寫下銀行名稱後，想起以前泡沫經濟時的事情，就把這些事也寫下來。

就這樣將內在小孩讓我們體驗到的記憶自由的寫下來，直到自己心裡感到平靜為止。寫得差不多之後，接著用自己喜歡的清理工具，一項一項進行清理。不管要用哪一種工具、要花多少時間都可以自行決定。

清理金錢時，我經常使用附橡皮擦的鉛筆。可以用來幫助想像，也可以實際使用，寫出每一個項目之後，就一一用橡皮擦擦去。我的做法是不會集中精神一次做完這件事，而是花上好幾天、好幾個星期，每次想到時就進行清理。當我要去付某一筆款項時，就在腦海裡想像自己打開那張紙，在上面畫上一個「×」。

持續做了一陣子之後，我發現內在小孩讓我看到了各種不同的記憶，例如花太多錢的罪惡感、害怕金錢而不敢使用的恐怖感、嫉妒別人總是成功的嫉妒感等。像這樣清理自己對金錢所抱持的情感，內在小孩就會不斷的讓你看見記憶，顯現出平常我們使用金錢的時候，無意識狀態裡存在著這麼多的記憶。

有一件事非常重要，這裡再重複一次，那就是金錢本來就是具有靈魂的神聖存有。當我們與這些物品接觸時，就是重新審視我們是否尊重金錢、是否帶著尊敬的心情來使用它。包括我在內，許多人都將記憶緊緊貼附在歸零狀態的神聖存有之上。

如果你對現在公司的業務內容、客戶、上司、下屬有許多不滿，並在這樣的狀態下領取薪資，那麼這些錢在某種意義上和受到虐待沒有兩樣。另一方面，金錢也會透過歷史而附加許多文化價值，如果一直不進行清理，過度的節儉主義會讓金錢覺得這是不幸的開始，而受到很大的傷害。金錢本身也有想去的地方，但是我們卻毫不加以思考、執意且彆扭的剝奪這個想法，或是未能善加處理，世界上有許多錢都是這樣。

如果不進行清理、憑靠記憶來使用金錢，即使希望它增值或想用在別人身上，金錢既有的零的神聖力量也會受到損害。使用因爲記憶而變得渾沌的金錢，我們便無法以靈感與人、物、土地獲得連繫。因此，對於金錢這種神聖的存有，我都會以誠實的態度來進行清理。不管是付錢或收錢，都會針對自己對金錢所抱持的感情、透過金錢所體驗到的問題仔細的進行清理。

金錢本來就是神聖的存有。只要你藉由清理回歸到零的狀態，金錢自然就會朝著完美的量、正確的方向前進，並取得原本的功能。

現在放在你錢包裡的錢，是經過了幾萬人的手才到你的手上，是非常重要的存在，應該能夠讓你看到很多事情。爲了眞正珍惜金錢，首先要從自己開始，讓自己變得自由，就像人際關係一樣。

注釋

❶讓你回復「HA」（編按：在夏威夷語中意味著「神聖的靈感」，又有「生命的呼吸」之意）、進行清理的呼吸法。

1. 坐在椅子上，背挺直。
2. 用鼻子慢慢吸氣，持續七秒。
3. 閉氣七秒。
4. 從鼻子將氣吐出，持續七秒。
5. 閉氣七秒。
6. 重複步驟2～5七次。

第五章

工作

重視辦公室裡的每個聲音

「我恨死這裡了！」有一天早上我走進辦公室的時候，聽到了這個聲音。感到驚訝的同時，我也覺得悲傷與不安，但我馬上就清理這個體驗，並且對自己的內在小孩說：「OK，雖然不知道我的內在重播了怎樣的記憶，但謝謝你告訴我。讓我們一起清理吧！」

這麼做之後，我的內在就恢復了平靜，那一天在處理工作的過程中，對手上拿的、眼睛看到的東西，都可以自然且仔細的接觸與整理。

工作結束後，當我關上大門、準備回家的時候，突然覺得辦公桌的四周就像沙漠一樣需要水分且開始變得乾枯。清理這個體驗的時候，腦中浮現了辦公室在飲用藍色太陽水的靈感，因此我倒了一杯藍色太陽水放在辦公桌的正中央之後，才離開辦公室。

隔天早上，當我一走進辦公室，就聽到「我好喜歡這裡！」的聲音。這讓我非常開心，心情也比平常更清爽，簡直就像身處於綠洲般開始一天的工作。

「今天和昨天到底有哪裡不一樣？」我問辦公室。

「昨天檔案夾與筆丟得到處都是，七零八落的，很難靜下心來。而且晚上電腦也一直發出吱吱的聲響，大家都不能好好休息。」辦公室這麼回答我。

聽到這裡，大家應該會笑我吧！每次想起這個體驗，我自己都會忍不住笑出來，笑自己爲什麼之前都沒聽到這些聲音。房間、電腦與筆都有各自的本性與思考，但我卻一直沒有發現，簡直就像演獨腳戲一樣。我每次想到，都會忍不住笑出聲來。

如果不進行清理，我們會錯過太多東西。在混亂（充滿著過去記憶的狀態）之中，這個公司（辦公室、電腦、筆、行事曆等）一點都不想工作。如果想在公司內成功完成工作的話，就必須將公司裡所有的物品與意識調整到原本完美的狀態。因爲爲我們帶來工作的是公司裡的電話與電腦，不管再怎麼優秀的企畫，如果用來顯示的投影機或印表機因爲記憶而渾沌的話，就不能表現出原本的靈感。

但我們卻以爲自己已經做到該做的事而滿足於現況，當我們的內在不進行清理的期間，所發生的各種想法（記憶）就無法被送到該送達的地方，並開始枯竭。

因爲我是藉由公司來進行自己的工作，所以本來就應該尊重公司。不管聽不聽得見辦公室的聲音，我們所能做到的就只有清理。不管你的立場是經營者、員工或工讀生都一樣。我可以在這裡協助什麼事？該如何參與其中？就像這樣，隨時可以藉由公司或店面與自己心中的內在小孩溝通。

透過公司的協助和我的行動，公司的企畫得以回復到原本的狀態，送到該送達的地方，接著出現靈感。關於這一點，養育兒女就與公司非常相似。

職場上男性與女性的立場

我在夏威夷經營不動產事業，根據我的經驗，建築工地裡幾乎都是男性。每次到工地開會，大部分的人都會問我：「妳先生什麼時候過來？」並試圖在我身邊尋找丈夫的身影。

因爲我是女性，所以經常感覺到這一點，因此會先清理「女性自覺」的想法。接著清理自己的年齡、住址、姓名與我接下來要蓋房子的這件事。在這段過程中，還是會忍不住冒出一點點「雖然自己是女性，但如果能更強、更靠得住就好了」的想法。

只要馬上針對這個想法進行清理，身爲女性而發生的許多不同記憶就會一一浮現。這些都是從小時候開始就存在，且未能清理乾淨的，所以我會非常仔細、小心的針對剛才所體驗到的「女性」進行清理。然後就可以從沒有任何勉強與堅持的狀態下，想著「這個綁著馬尾、穿著運動鞋，講話慢呑呑的人，就是現在的我」，自己的雙腳彷彿向下扎根，進入地面之下。

這麼做之後，對方也會開始改變。內在那個「因爲我是女人，所以對方不會相信我」的記憶，會在對方的心裡反映出不安，這件事對許多體驗到自己身爲妻子、母親、女兒、丈夫、兒子、後輩、上司等各種立場的人，也都是一樣的。因爲自己所體驗的立場而產生的隔閡（記憶），只會造成對方的困擾。只要進行清理，我們就能處於零的狀態。這麼一來，對方就只會看見我們內在裡的零，也就是「眞正的自己」那個部分。

本來男性與女性的心裡就都同時存在著父性（活躍且具有創意的部分）與母性（以直覺接受事物的部分），可是這兩者很容易失去平衡。若想取得平衡，身爲女性的妳，就要清理自己是歷史中較不受重視的那一群的這個傳統；而身爲男性的你，則應該要清理只有男人要養家的這個想法。並不是因爲這樣的想法很奇怪或不正確，而是要爲了找回眞正的自己，所以必須進行清理。如果男性與女性都能注意到內在父性與母性之間的平衡，並且加以清理，那麼自己與周遭的人，甚至整個世界都會開始取得平衡。

現在，每當我前往建築工地之前都會進行清理，所以即使聽到有人問我「妳老公在哪裡？」的時候，也可以若無其事的回答：「我也很想知道他在哪裡（笑）！」

如何決定該不該換工作？

Q：我正在猶豫該不該辭職，因爲我無法從現在這份工作獲得經濟上的滿足，如果我想換一份可以發揮所長、使經濟無虞的工作該怎麼做？

首先，請清理想要辭職的這個想法、感情、思考等體驗，以及讓你想到這件事的資訊，任何想得到的事情都可以。

「報酬太少。」
「商品賣不出去。」
「沒有合得來的同事。」
「再怎麼努力也得不到肯定。」

公司的名稱

在公司服務的年資

董事長及主管的名字

公司的創設日

公司的地址

同事的名字（寫下認識的即可）

接著使用自己熟知的清理工具，每當體驗出現時就進行清理。持續進行清理之後，如果出現了更多不同的煩惱與不滿，就一起進行清理，像是騎自行車一樣，一次又一次的踩著踏板。如此一來，內在小孩就會讓我們看見所有應該清理的記憶，我們再進行清理，然後就能變得自由。在清理的過程中，說不定會自然而然的開始往離職的方向前進，而且不會感受到任何壓力與痛苦，又或許能夠突然升遷或得到其他公司的聘書。

所謂的清理，就是將停滯與隔閡（記憶）掃除乾淨。等到記憶消失之後，就會看見最適合你的場所與人際關係。當你回到了原本完美的零的狀態，你所發出的言語、郵件、企畫、想法、爲同事倒的茶等，都會以靈感傳達給對方，接著公司本身也會開始發光。

藉由清理，你會從靈感看見、聽見、採取行動，自然而然就會如此；相反的，如果不進行清理，因爲「這樣做才對！」「這麼做太不像我了，要那樣做才對！」而勉強行動的話，就有可能讓你捲入麻煩之中。大家有過這樣的體驗嗎？像是被人討厭等……說不定公司正打算給你更多的福利，只是因爲你太累、太沒自信，而被自己的記憶蒙蔽，使得公司擔心你是否工作過度，而放棄讓你往下一個階段邁進。

宇宙以絕佳的平衡在運行著，如果你固執己見，那麼原本純眞、完美的存在便會在瞬間被遮蔽了光線。即使乍看之下進行得很順暢，同樣的記憶也可能會再重播。如此一來，就會不知道該相信什麼，甚至看不清自己究竟是誰。

當你有新的想法或與人討論時，只要進行清理，你便自然而然會搭上自己該乘的浪，不管是大浪或漣漪。

第六章

自然

學會傾聽大自然的聲音

在我所居住的歐胡島上，生長著各式各樣的野生樹木。像是我家院子通往馬路的那條通道上，就種植了一株巨大的老榕樹，樹上茂密的常春藤卻很脆弱，而且幾乎都乾枯了。熟悉植物的朋友勸我把常春藤鋸掉，我花了好幾天清理這件事，因爲這棵樹生長在這片土地的時間比我還長，當然要花更多時間進行清理。過了幾個月，我請這位朋友幫我鋸掉常春藤，雖然少了常春藤，但榕樹本身卻充滿了生命力。

某天當我拿著掃帚，邊走邊將步道上的落葉掃進森林裡，突然無法動彈，原來是樹枝纏住了我的頭髮與身上的毛衣、長褲。

「究竟發生了什麼事？」我在心裡這麼想著，並進行清理後，抬頭便看見榕樹被鋸掉常春藤的部分。當時纏住我的是一棵荔枝樹，它目睹了榕樹被鋸斷常春藤的過程，大概以爲自己也會這樣被鋸掉而感到恐懼吧！爲了讓我知道這件事，才讓我有了這個體驗。

雖然我對被鋸掉常春藤的榕樹進行了清理，但卻沒考慮到周圍的生物，而且也忘了爲幫我鋸樹的朋友進行清理，所以當他在鋸常春藤時，說不定心裡就想著：「應該也要鋸一下這棵荔枝樹。」

當然這些都是我自己的想像，不過我還是針對自己現在體驗到的事物與這個瞬間進行清理。雖然不知道實際上發生了什麼事情，但我卻感受到自己看見、聽見了荔枝樹周圍的生物。正因爲我生活於這些生物之中，所以我必須盡可能的進行清理，這一點很重要。而且不只是自然界裡的生物，就連無生命的物品也一樣，像是房子、公司、道路、交通工具、椅子、筆……各種物品的眞實自性也隨時都在聽、在看、在體驗。我們使用荷歐波諾波諾進行清理與它們產生連繫的同時，也給了彼此在沒有痛苦的狀態下放下記憶的機會。

「對不起，我居然都沒有發現。不用擔心，我不會鋸你的。讓你感到害怕了，眞對不起。」我對荔枝樹說，等心情恢復平靜後，再將纏在樹枝上的頭髮與衣服解開。

雖然並不是只要清理，就可以隨時聽到植物們的聲音，但卻可以藉由清理，將許多容易遺漏的細微想法帶入荷歐波諾波諾的過程中，使我們尊重個別的存在，並重新取得眞實自性。

尊重萬事萬物的存在

我在院子裡的大門到玄關之間種了一大片草皮，雖然沒有特別施肥，但一直都長得很綠、很漂亮。或許是因爲夏威夷的天氣很好吧！不過其實我在剪草的時候一定會跟草皮講話。

「你們希望我什麼時候剪草呢？」

有時候我聽得見答案，有時候聽不見，不過我還是一有機會就和它們說話，而且剪草時一定會對草皮使用「冰藍」這項清理工具。

「因爲我邊說『冰藍』邊剪草，所以可以放下痛苦喔！」

就這樣，我藉由對著草皮與我自己說話，開始了清理的動作。只要把對方當作是有靈魂的完整存在，就可以對自己所無法理解的土地與植物清理許多記憶。我不想任意妄爲，不想用選擇自己喜歡的指甲油顏色的方式對待植物，而是希望能進行清理、尊重且取得和諧。

只要我一邊進行清理，一邊對植物說話，有時候就會在意想不到的時候聽到答覆。像是某次休假時我打算出門看電影，關上大門後卻突然聽到「現在馬上剪草」的聲音。

「你確定？現在嗎？」我反問。結果就聽到草皮說：「就是現在！」本來我打算裝作沒聽見，但是進行清理之後，才發現非得現在不可，然後我就依照指示，一邊說著「冰藍」，一邊仔細的剪草。結果剪完不到兩個小時便下起了大雨，而且還連續下了兩個星期。如果我當時沒有剪草，這段期間草皮就會長得很長，每天走到停車場也一定會弄濕雙腳。藉由清理，有時候會以簡單易懂的方式，像得到禮物一樣突然出現在眼前，眞的是太棒了！

就這樣，日常生活中只要與植物、建築物、物品取得連繫，轉眼間又過了一天。很多人都說我獨居不需要這麼大的房子，但我甚至沒空想到寂寞與孤單。只要藉由清理用心傾聽，就會聽到許多地方發出想要清理的聲音，而我只是順從這個聲音，取回自己的眞實自性與尊嚴。

體驗大自然之愛

很久以前，我家的車庫旁種了一棵很大的木瓜樹，每次木瓜結果時，都會在我經過時掉在我的頭上或肩膀上。因爲事前沒有任何預兆，使得我常常被嚇到，而且也很痛。有時半夜掉到地上，狗兒聽到聲音就狂吠，讓我搞不清楚發生了什麼事。我也曾考慮把它鋸掉，並因此而進行了清理，可是卻不太順利，所以我只好一邊說著「冰藍」，一邊繼續清理。

某個暴風雨的夜晚，外面一片漆黑，什麼都看不見，附近傳來好大的聲音。隔天到院子裡一看，發現有棵大樹倒向我家，而且正好倒在那棵木瓜樹上，使我的房子倖免於難。木瓜樹受到巨大的衝擊，差點就要被壓垮了，所幸被前方一棵平常我不曾注意過的酪梨樹擋住，兩棵樹互相扶持，保護了我的家。

生活中許多不同的事物重疊，即使我沒發現，它們也會讓我重新體認到事實上已經發生了數不清的事情，也讓我了解到自己只是宇宙的一小部分，我的使命就是進行清理。如果我錯過清理而恣意行動，就可能會失去很重要的東西。

我就是這樣在清理中生存，同時也受到許多事物的守護。每當我走在院子裡的時候，都會感覺這些樹正在保護著我，耳邊彷彿傳來「我愛你」的聲音。每天早上我都會一邊說著「冰藍」，一邊摸摸它們，然後一邊散步。而他們也讓我體驗到有如奇蹟般美麗的風景，我得到了清理的機會，也體驗到了愛。

第七章

土地與房子

與土地之間的邂逅

我的家位於非常偏僻的山裡，所以被大家稱呼爲「叢林裡的家」。這棟房子坐落的土地，也是我人生中第一次購買的土地。

從我想買土地的時候開始，一直到購買的過程中，第一個步驟是實行荷歐波諾波諾的程序，清理自己爲什麼想買這塊土地的想法。

因爲我喜愛大自然

因爲我想要一個可以讓孫子與孩子自由嬉戲、放鬆的空間

因爲我想要挑戰

就這樣，幾個動機就會自動顯現出來。一項一項進行清理之後，便發現一些自己一直以來都沒察覺到的感情，像是後悔自己沒能當個好母親、開始鑽研不動產時受到大家的反對等。於是我一邊對內在小孩說：「謝謝你透過這片土地讓我看見了這些記憶，你願意和我一起進行清理嗎？」然後一邊繼續進行清理。

當時有一個知名的財團也想買這塊地，而且開的價格比我更高。接著我聽說這塊地自古就是做爲農業用途，不知道什麼原因不得不放棄農用。我在進行清理的過程中得知了這些事，也將各項資訊體驗納入清理的內容。

我幾乎每天都到這塊地去，將課堂上使用的荷歐波諾波諾使用手冊「十二個步驟」拿給這塊地看，還會對著這塊地說：「我想使用荷歐波諾波諾的清理程序，可以嗎？」就這樣，對於內在小孩藉由這個地方展現給我看到的事物，都不加以分析，只是持續清理，使這塊地與我都變得自由。我心中對這塊地的堅持與執著自然的消失了，也感受到記憶的消逝。

我們做任何事，只出於兩個動機：「記憶」與「靈感」。只要有期待、興奮、疲勞等任何體驗，都是從記憶運作而來的；相反的，如果是在事情結束後才突然驚覺：「啊！什麼時候發生這種事？」那就是從靈感運作的。即使是記憶所運作，只要在這個時間點感謝自己能放下回憶，並進行清理即可。

最後，我接到地主的電話，說要用我所開的價格把地賣給我，開心之餘，我也發現自己與這塊地之間還有很多需要清理的地方。

裝潢前先與房子對話

在蓋房子、決定房間裝潢的過程中，首先我會與房子對話。或許有人會覺得「與房子對話」很難，但其實不管是什麼內容，只要針對藉由這棟房子而浮現腦海的回憶、情感與想法進行清理即可。

例如可以將「我想讓這裡變成美麗而時尚的空間」「接下來要準備各種東西眞麻煩，還要花錢」這些顯現出來的體驗，當作自己內在既有的記憶重播來進行清理。只要這樣從內在整頓好，你和房子之間就會產生一種和諧感，然後房子就會自己動起來，而你只要幫忙即可。像是油漆的顏色是房子告訴我的，木材也是它選的，我只是藉由清理來獲得靈感。經過了幾次清理，加上我執行的結果，看見房子成爲了本身所追求的型態，我感到非常幸福。

還有，不要在讀了裝潢雜誌後，將雜誌內容完全套進自己的房子，而是要在進行清理之後（反省是我內心裡的哪一部分讓我讀裝潢雜誌的）再讀雜誌。這麼一來，雜誌與我之間的既有記憶就會剝落，可以將雜誌裡的點子變成布置房子的靈感。但如果只是欲望與記憶的重播，就會在你說著「買了這個就會變得很時尙」「用了這個就能展現高級感」的同時，一切都變得凌亂不堪，然後東西越來越多，無法成爲舒適的空間。

房子之所以存在，是爲了做爲這棟房子與居民進行清理的場所，如果你只是模仿別人，將房子打造成相同的樣子，我忍不住想問，這麼做會開心嗎？不管是物品或房子，都應該先清理後再購買，之後仍要持續清理。

因爲我是以這樣的節奏進行房子的裝潢，所以家裡的天花板現在都還沒擦油漆，木材還露在外面。但是來參觀的朋友都稱讚這樣很有開放感，而我每次看到天花板時，也會回想起房子給了我清理的機會。只要學會清理的方法，即使不搬家或多買什麼東西，現在身處的環境與物品也可以讓這裡成爲香格里拉。

搬到某個地方之前，也有許多需要清理的事物。想要搬家的想法、不得不搬的動機，這些都是來自於本來就存在於內心的記憶，所以可以百分之百由自己負責進行清理。百分之百由自己負責的立場，在荷歐波諾波諾的程序裡是非常重要的，這麼說並不表示當你爲了噪音想搬家時，噪音是起因於你，而是你在這個瞬間所體驗到的東西，實際上是來自於你自己誕生於地球以來的記憶，因此可以進行清理。

搬家的時候，我一定會同時針對新家與舊家進行清理。如果不清理目前居住的舊房子，相同的記憶也會以不同的型態在新房子被重播出來。大部分的舊房子遭到遺棄時，都處在對曾住在這裡的人抱持著單相思的狀態下，若居民在舊房子抱持著煩惱、悲傷的體驗時搬了出去，那麼雙方在記憶中便會變得執著而互相拉扯，這樣就無法順利搬家。

你所居住的房子本來就是完美的存在。如果搬家的原因在於房子本身，那麼首先就必須針對讓你看不到房子是完美的記憶進行清理。如此一來，房子就會變得自由，並且會開始調整成對房子來說是完美的狀態，也才能重新遇到完美的居民。同樣的，如果能先消除對舊房子的所有記憶再找新房子，應該就能找到對你來說最完美的房子了。

靈感所蓋出來的房子處處是驚喜

房子剛蓋好之後，我請朋友到家裡來玩，兩人從院子眺望整棟房子。

「眞不敢相信妳眞的蓋了這棟房子。」朋友說。

「但這是事實啊，我與神聖的存有一起蓋了這棟房子。」我下意識這麼回答。

這一瞬間，天空突然傳來轟隆的雷響，接著下起了一陣大雷雨。此時我的心裡感覺到：「啊，這就是我的生存之道。」而有了與自己的眞實自性接觸的體驗，因爲意識或多或少可以接觸到以靈感採取行動是怎麼樣的感覺。

畫家依據靈感行動，而描繪出別人想像不出來的畫作。同樣的，如果你是公司的經營者，就可以藉由清理來傾聽公司的聲音，使經營更加順暢；如果你是保險業務員，就可以藉由清理讓業績達到令人不可置信的程度，這就是荷歐波諾波諾回歸自性法。藉由目前的工作與立場，靈感可以讓你表現出百分之百的自己。

即使是現在，我在家裡走動時還經常會驚訝的發現：「哎呀！原來這棟房子是這樣蓋出來的！」

一直到現在，這棟藉由靈感所蓋出來的房子，還是經常帶給我驚喜與和平。

解放受傷的房子

不管是房子、物品或道路，都經常興致盎然的聽著你說話。假設你去看房子時，第一印象曾經在心裡有過「我討厭這個壁紙」的體驗，那麼房子聽到這句話之後便會感到羞恥，而且也會受傷。我們都不希望被家人罵：「你眞的好醜喔！」房子也一樣，它需要感受到滿滿的愛與憐恤，才能展現出房子的樣貌。相反的，如果是棟受傷的房子，那麼它能提供給我們什麼，相信大家都能想像得到。

至於要感覺什麼、要如何思考，就是自己的自由了。這些都不是你這個存有實際上所想的，而是內在小孩讓我們看見的記憶，所以也只要清理就可以了。如果你沒辦法百分之百清理這些想法，這棟房子就還是維持受傷的狀態，你的內在小孩也會因爲無法放下記憶而感到痛苦。

舉行個別課程時，我經常看見許多客戶與他們的房子之間的問題。不只是房子，公司或學校也是一樣。因爲土地的清理是很重要的，所以必須花時間、仔細的進行。

沒有人聽不見內在小孩的聲音，
自己目前所體驗的感情，就是內在小孩的聲音。
你聽，現在是否也聽見內在小孩的聲音了？

工作時我總是像這樣眺望窗外小鳥們洗澡的模樣。為了在不管面臨多麼複雜的工作內容時都能想起大自然韻律，我特意在窗戶看得到的地方擺上可以讓小鳥洗澡的水槽，其實這也是修．藍博士的點子。

價值觀沒有所謂好與不好，
因爲那既不是你所創造出來的東西，
也不是他人灌輸而成的，
而是原本就存在於內在的記憶。
藉由清理價值觀，
你就可以獲得自由與靈感。

將孩子小時候用的雙人床改成沙發。坐在這裡，彷彿可以聽見孩子們的笑聲。

有些人雖然不了解荷歐波諾波諾，不過他們平常就會很自然的與土地、房子說話並進行溝通。這麼做，土地與房子就不會受到過去的障礙所束縛，可以自由的與住在這裡的人取得連繫。

使用荷歐波諾波諾來進行與土地之間的清理，有許多方法。例如對土地朗讀之前提到的「十二個步驟」、隨時留意自己從房子與這塊土地感受到的所有想法並進行清理、使用藍色太陽水進行掃除等，可以順從自己的靈感自由發揮，這樣是最好的。

假設一對夫妻在家裡吵架，或是孩子在學校被欺負，孤單的在房間裡度過一個晚上，即使隔天早上起床後把這些事忘得一乾二淨，但是你知道嗎？如果沒有針對這些對房子造成的傷痛、怨恨、痛苦進行清理，問題還是會一直存在。說不定更早之前的居民曾經在這裡遭受虐待而痛苦不堪、曾經失去重要的親友，又或是幾百年前這裡曾經發生過戰爭……雖然我們並不知道實際上發生了什麼事，但卻可以藉由清理自己內在的記憶重播，使懷抱著這些悲慘體驗的房子獲得解放。

此外，土地與房子也會給我們機會清理內在囤積的記憶，是非常重要的存在。而唯一可以將一直以來守護、保護自己的房子與土地從痛苦中解放出來的，是我們自己。就像我爲了清理而從事不動產業一樣，大家也是爲了清理才住在現在這棟房子、每天到公司與學校去工作。清理房子時，就順便清理設計圖、保險證、稅金、電力公司、瓦斯公司、建設公司、水量測定、貸款銀行等；清理公司或學校時，就一併清理地址、創立年月日、公司負責人的姓名等，一項一項將出現在自己眼前的事物清除掉，正是我們的職責所在。

清理土地的記憶

以前我與修．藍博士幾乎每天都會打一通電話或寄一封電子郵件，互相報告一下自己當時的狀況，現在因爲有了skype而變得非常方便。聊天的內容包括現在自己正陷於怎樣的狀態、是否充分進行清理等，修．藍博士不管何時都非常認眞。

博士總是很嚴厲的教導我。以前有莫兒娜的督促，現在則有博士，我實在非常幸運，總是身處於隨時有人會檢查我是否充分進行清理的環境之中。

有一次我告訴博士，我即將搭飛機到南美參加家族旅行。每當我要移動到某處時，都會清理即將搭乘的航空公司（交通工具）、航班、時間、出發地、目的地的地名，這是非常重要的。不過這次博士特別爲我進行了更仔細的清理，還不停叮囑我針對目的地與飛機進行清理。

我本來就計畫進行完整的清理，於是打算重新審視一次，不經意上網查詢後發現一篇報導，原來我預計搭乘的航空公司在幾年前曾經在目的地的機場發生過墜機意外。在清理這個體驗和自己當下的情感時，我看見這片土地受了很重的傷害而感到恐懼，飛機則失去了自信而感到悲傷。我不知道自己內在的哪一個記憶讓它們變成這樣，但是我不斷的說：「謝謝你們讓我有這個體驗，謝謝你們讓我在這輩子有了再一次清理的機會。」並持續進行清理。

有時候，土地會將記憶以某種形式展現給我們看，不過大部分時候，我們都不會知道與我們相關的土地在和我們接觸的這個瞬間，抱持著怎麼樣的記憶。正因如此，更應該隨時抱持著這是最後機會的想法來進行清理。

早上通勤的尖峰時刻若遇到塞車，有時我們會改走別條路。即使對意識來說，走這條從未走過的路只是爲了抄近路，不過這條路卻讓我們有了清理這一瞬間的機會，這一點非常重要。搭電車時若因爲腦袋放空而不小心坐錯方向，也不是單純坐錯方向，而是內在小孩爲了讓我們進行清理，因此藉由這樣的體驗、在最適當的時機顯現出來。人也是一樣，湊巧搭到同一班電梯的人、餐廳裡坐在隔壁座位的人，他們的存在或許都是你這輩子最後一次可以清理的機會。莫兒娜將每一個瞬間視爲寶貴的清理機會，或許是因爲這樣，至今我仍記得莫兒娜這個人與她處理事物、土地的樣子是多麼美麗動人。

後來我的家族旅行在平安中畫下句點。我在旅行的途中當然仍然持續進行清理，也重新回顧了以荷歐波諾波諾來檢視生存的每一個瞬間是怎麼樣的一件事。

在個別課程中，有些人提到每天過著重複的生活非常無趣，之所以會有這種感覺，是因爲長時間沒有與內在小孩溝通，因此迷失了眞正的自己。在每天的日常生活中，我們的意識會進行選擇，帶著我們欣賞風景、走在路上、與某人見面。而在荷歐波諾波諾的觀點裡，這些都是內在小孩爲了讓我們消除一直以來所累積的記憶而顯示的，只要我們選擇將每一個瞬間視爲進行清理的機會，那麼所遇到的人、物品、土地、想法都將會成爲意想不到的寶貴存在。

對你而言，日常生活應該要有如冒險一般具有鮮豔的色彩，並且持續變化。如果能透過眞正的自己與這個宇宙有所連繫，那麼你所在的位置將隨時埋有許多美麗的種子。

第八章

身體

善待身體的最好方法

大多數人常爲了太瘦、太胖、髮量太少、想要變什麼模樣等事情煩惱，但其實這些也是我們自己的體驗，我們原本就是完美的存在，除此之外我們所感覺到的、所體驗到的，都是記憶的重播。

在意自己變胖的人總是有很多理由，像是「我的體質怎麼減肥都瘦不下來」「都是因爲我吃太多了」「都是遺傳害的」，但這些都是事實嗎？「這些是事實」的想法，其實只是內在小孩藉由身體表現的記憶所帶給我們的體驗。

其他還有許多記憶不斷被重播，例如「好難看」「不瘦下來就交不到男／女朋友」「好丟臉」「不能吃這些東西」「吃這個東西好」等。首先要對成見、知識、身體的狀態等一一進行仔細的清理，這才是對自己、對內在小孩、對身體最好的方法。

身體對內在小孩是很忠實的。「洋芋片對身體不好，所以我只吃一點點。」當你這麼想的時候，如果不進行清理，那麼吃下這小小的一口，也等於吃下了「對身體不好的記憶」。如果你能放下這個想法，那麼不管是你或食物本身，就能以原本最完美的狀態出現。

當我們身體不舒服的時候，經常會為此賦予意義，像是「偏頭痛害我今天一整天都毀了」「一定是昨天玩太瘋了才會感冒」等。這個時候，在荷歐波諾波諾的做法裡，會對當時的身體狀況、自己所具備的想法、意義進行清理。

藉由「身體不舒服……」這個想法，將自己在這個瞬間裡所思考、所體驗到的進行清理，就能確實感受並回歸自己本來的存在。當你感覺「我一直都知道」「我知道現在發生什麼事」的時候，請試著進行清理。尤其是清理自己所擁有的知識與價值觀，更能在毫無壓力的狀況下加入荷歐波諾波諾的程序中。如果對於自己的容貌有任何想法或意見（很多人經常說我太瘦），那麼就先告訴內在小孩：「謝謝你讓我體驗到這瘦長的體型。」接著一邊感受這個體驗，一邊持續進行清理。

因為內在小孩表現出我的身體，所以我所能夠做的，就只是照顧內在小孩與清理。

家人生病時，請說「我愛你」

這件事發生在夏威夷的荷歐波諾波諾課程中，當時我正準備上課，一位年長的婦女出現在我面前，於是我問她有什麼事。

「我年幼的孫子患有耳疾，我來是爲了想治好他的耳朵。」這位婦女說。

於是我先清理了自己的這個體驗，接著清理這名女性的姓名與年齡。我將自己心中與這位女性共同的記憶當作自己的責任，並進行清理，使我自己與她歸零，並獲得了靈感，得以接受在這兩天的課程內應該接受的東西。第一天的課程結束後，她對我說：

「自從我知道孫子生病之後，無時無刻都把這件事放在心上，但今天上課期間，我卻一次都沒有想到孫子的病，也沒有想到孫子，太令我驚訝了！」

第二天的課程結束後，這位婦女再度來找我。

「眞不可思議，不知道爲什麼，我完全不再爲孫子擔心，也不再覺得他很可憐。回去之後我也會採用『十二個步驟』，持續爲孫子開刀的醫院、醫生的姓名、時間、孫子的姓名與出生年月日進行清理。」

我建議她在孫子就寢的時間，即使孫子不在她的身邊，也可以在心中對孫子說「我愛你」（由四句話總括而成的清理工具）。只要說「我愛你」，不需要說「希望你好起來」等其他的話。

「我會試試看，謝謝妳這兩天的課程。」離去前她這麼告訴我。

我也在心中持續爲她進行清理。幾個星期之後，她寄了一封電子郵件向我報告近況。

「以前我的孫子只要接受檢查就會大哭，但手術當天居然安靜的進入手術室，沒有任何哭鬧，然後我在家屬等候室裡等待，他不到一個鐘頭就出來了。更令我驚訝的是，向主刀醫生詢問相關細節後，他居然說沒有任何需要動刀的地方，大家都非常訝異，但我總覺得自己似乎在事前就感覺事情會變成這樣。」

我回信問她究竟做了些什麼。

「課程結束後，我持續進行清理，並且照妳所說的，每天晚上在孫子睡著時，在心裡對他說『我愛你』。」她說。

最令人動容的是，她不依賴任何人，而將這件事百分之百當作自己的責任，接受了這些記憶，並單純的將所體驗的一一進行清理。她不把事情變得困難或複雜，只是順從心中的靈感，持續的進行清理。

荷歐波諾波諾回歸自性法是任何人都可以執行的，即使你並非具有感應、有知識的人或靜心達人都無所謂，大家都做得到。做法非常簡單，只看你是否能謙虛的持續下去。

在被賦予的狀態下單純的持續進行清理後，她心中的記憶被消除了，因此孫子心中的記憶也被消除，結果最適合她孫子的事物就透過身體表達了出來。

她剛開始之所以進行清理，是希望治好孫子，而這樣的態度，隨後經由課程轉變成爲了她自己，這就是荷歐波諾波諾的程序開始發揮效果了。如果沒有內在小孩，是無法開始清理的，而且內在小孩無法爲自己以外的任何人發揮效果。

對我來說，這也是一個清理的大好機會，因爲她讓我看見了這些，所以我內在的記憶也得以被刪除。雖然清理只能在自己內心裡進行，不過記憶卻是大家共有的。不管是誰的身上發生了什麼事，如果忘記這些都是存在於自己內在，那我就無法向人傳達任何事，也無法進行身體工作，更無法成爲母親，甚至沒有任何人想跟我說話了。我一直提醒自己，不要忘記所有人原本都是存在於我的內心，他們是爲了讓我看見某些事物而存在的。

在荷歐波諾波諾回歸自性法裡，並不是只要爲自己以外的任何人進行清理，一切就結束了。我們大家都在同一艘船上。

荷歐波諾波諾的身體工作

透過莫兒娜，我認識了身體工作。之後我進入大學，學習許多與身體相關的知識，但我之所以能持續身體工作到現在，則是因爲莫兒娜教導我的荷歐波諾波諾。

莫兒娜的身體工作，基本上就是傳統的卡胡那治療法，用這個方法注意身體的動作，但最重要的還是荷歐波諾波諾。首先要針對自己，接著對客戶在治療前、治療中、治療後進行清理。

先清理自己，直到放下各種情感與想法，例如這樣處理客戶的身體、這樣進行治療、這樣讓他好一點等，因爲我們並不知道客戶的身體裡到底發生了什麼事。如果從事身體工作的人可以完全放下成見，那麼客戶也就可以放下這些成見與記憶。這麼一來，由於身體第一次得到這樣的對待，掌控身體的內在小孩感受到被記憶解放並獲得自由的快樂，表現出來的痛苦也會跟著消失。

莫兒娜還很嚴厲的告訴我，做爲一個身體工作者，絕對不能將自己的成見帶進課程中。因爲我們並不是治療師，因此無法治癒任何人，只能消除自己內在既有的記憶。只要我們內在的記憶被消除，對方的記憶也會被消除，這件事對靈魂與身體來說都是最完美的。

內在小孩、尤哈尼、奧瑪庫阿都會團結一致、仔細聆聽在這裡所發生的事情。也因此可以追溯到客戶的家人、親戚、血緣關係者、歷代祖先，並得以悔改肉眼看不見的過錯。背脊和尾骨的疼痛大多來自於家人或祖先的問題，因此可以透過使用清理所進行的身體工作，達到減緩疼痛的作用。

如果宇宙（也就是神聖的存有）知道所有答案，那麼我們就必須和這個地方合而爲一。但是如果治療的人拚了命的想治好被治療的人，那麼我們就會成爲阻擋了清理這個波浪的大岩石，這對客戶來說也不是好事。而且如果你剝奪了原本應該由對方做的事，也會以疼痛表現在你自己的身上。

只要進行清理，並和神聖的存有取得連繫，我與我的客戶就自然會將這個時間裡所能進行的工作做到最完美的境界，這就是荷歐波諾波諾的身體工作。

感覺憂鬱時，請聽內在小孩的聲音

你並不憂鬱。

這個瞬間你正在體驗憂鬱。

你並非酒精中毒患者。

這個瞬間你正在體驗酒精中毒。

所有的體驗都是「記憶」或「靈感」其中之一。

若是由記憶而來的體驗，就能進行清理。

我們吞下去的每一顆藥都有真實自性，醫院與醫生也是。

所以如果能將和你的體驗相關的人、事物、建築，都當作是真實自性來進行清理，你就能回復到真正的自己、完美的狀態。

憂鬱的其中一個原因是意識忽視內在小孩的存在，如果意識繼續自行決定事情，內在小孩就會陷入受虐的狀態，而緊緊關上門。這樣的狀態，會以憂鬱的形式表現出來。

當我們受憂鬱所苦的時候，會試圖奮力掙脫這樣的狀態。但是，如果忽視內在小孩的存在，一切就會停止在記憶重播的狀態，痛苦會一直持續下去。

首先要從我們自己開始進行清理，這時不妨使用藍色太陽水與ＨＡ呼吸法。即使無法靜下心來，但只要喝水、使用呼吸法進行呼吸，內在小孩就會收到清理的訊號。持續這麼做，內在小孩就會發現你將再次進行清理。

內在小孩無時無刻都在聽、都在看，所以當你心情盪到谷底時，即使是對著鏡子露出笑容，他也知道實際上發生了什麼事。自我啓發也是使內在小孩混亂的其中一個原因。想要培育出樂觀的自己，清理或許是個好辦法，但荷歐波諾波諾裡沒有「好」與「不好」，所有的一切都只是記憶。眞正的自己只有一個，就是零的狀態的自己。除此之外的自己，都是內在小孩讓我們看見記憶時的自己，因此不管何時都要將清理放在第一優先順位。

若是你一直說謊，內在小孩就會立刻關上門窗，自己內在的三個自我（Self）會被切斷。如果沒有與神聖的存有取得連繫，就無法傳達靈感。

我們隨時都面臨要不要進行清理的選擇。不論何時，這輛名爲荷歐波諾波諾的自行車就在我們身邊，要不要坐上去都是自己的決定。莫兒娜隨時準備好這些自行車，讓任何人都能平等的坐上，我每天都對她充滿感謝之意。

或許有人會問，陷入憂鬱時，做什麼都提不起勁，要如何與內在小孩交流呢？「即使持續進行清理，內在小孩卻不回答。」因爲我們的意識對於內在小孩的回答與反應抱有很強烈的成見，所以才感受不到其他的細微動作。

那麼，如果你拚了命的與內在小孩說話，卻一直沒有得到回應，你會有什麼樣的感覺或意見呢？或許你會覺得「難過」或「過分」而感到憤怒，但其實這正是內在小孩的聲音。內在小孩就是像這樣發聲，傳達出讓我們放下記憶的訊號。其實內在小孩一直在對我們說話，是身爲意識的你沒有發現罷了。意識沒有情感，因此讓我們看到情感的都是內在小孩，而成見與期待讓我們無法察覺此事。所以，如果你對內在小孩說話，卻得不到任何回應或無法交流，那麼就先試著清理期待吧！

不管這個情感如何讓你無法直視，但情感一旦出現，就開始了與內在小孩之間的交流。只要踩著自行車（荷歐波諾波諾）、不停的踩，這就是清理。想聽到內在小孩的聲音、好想聽到，這就是期待。而期待也是記憶，所以要進行清理。

就這樣，這個在未經清理的狀態下持續累積而成的沉重記憶，就像岩石一樣慢慢剝落，得以回到原本的你。那裡找得到所有你一直以來期待的事物，有光、有平靜。

別離是全新的開始

幾個月前，我失去了一個無可替代的朋友。她是我最好的朋友、最愛的家人，也就是我的愛犬驚奇小姐（Miss Marvel）。她第一天到我家時，就已經是成犬了，也有很多奇怪的癖好。她的體型很大，以後腳直立時幾乎快跟人類一樣高，跑得很快也很有力氣，不過卻有撲人的壞習慣。前幾年，我們費了很大的功夫來矯正她這項行爲。不過也因爲如此，我的心總是懸在她身上。

有一次我到外地旅行，返家後發現她看起來很痛苦，我受到很大的震驚，剛開始甚至不願意承認她生病的事實。就在不久前，她還那麼活潑、像從前那樣撲人、精神奕奕的玩耍，但眼前的她卻躺在我們準備的床上，彷彿在等待死亡來臨。

悲傷、憤怒、無力感……各種情緒不斷襲來，彷彿要將我淹沒，我已經看不清眼前的景物了。剛開始我什麼也不能做，只能不斷告訴自己：「清理，只要清理，清理這個體驗。」

儘管如此，當時我還是盡可能表現出對她的憐愛，一邊撫摸著她的頭，一邊說著：「冰藍、冰藍、冰藍……」與「我的平靜。」我對著她、她凝視的草皮與她最愛躺的墊子不斷的說，希望她和她最愛的事物都能沒有痛苦、沒有任何障礙的離開這個世界，讓我能在進行清理時與她告別。就這樣過了幾天，我的心中突然感到一陣悲傷，眼淚莫名流個不停，於是便將清理工具放進胸前的口袋，以便隨時能與荷歐波諾波諾伴隨在她的身邊。雖然當時無法感受到「我隨時都能回到清理的懷抱」這件事，但光是知道這件事，就能成爲我莫大的精神支柱。

如果驚奇小姐的軀體正朝著死亡邁進，那麼我所能做的，就是不要讓我的情感、記憶、障礙綁住她，而是藉由清理讓她與我獲得自由，就只有如此。只能放手讓她踏上旅程，到想去的地方，因爲她有她自己的眞實自性，並非爲了某人而存在。我尊重她的節奏與目的，因爲清理，讓我在度過這段時間的時候沒有成爲她的阻礙。

幾天後，她望向庭院，安詳的離開了我們。當時她躺在最愛的墊子上，另一隻愛犬莫札特（驚奇小姐的好朋友）不停上前探望她。看見這個景象讓我不禁潸然落淚，於是我進行清理，又忍不住哭了，然後再進行清理，就這樣不停的重複。

最後我緊緊抱著她，對她說了句「再見了」，然後在兒子的幫忙下，用布包起她龐大的身軀以便埋葬。雖然很難受，在情感面上很痛苦，但我還是在每一個程序中不停的進行清理。

直到如今，我還感受得到一股違反意志的強大悲傷不停向我襲來，但現在的我已經能清理這個瞬間了。雖然我不知道是哪一個內在記憶在這個瞬間讓我體驗到無止境的悲傷，不過我現在仍然一邊和內在小孩說話，一邊持續進行清理。

每當想起驚奇小姐，我就會發現自從遇見她之後，自己獲得了許多清理的機會，於是心中滿是感激。往來於悲傷與感謝之中的同時，我選擇了確實感受「真正的自己」的生活方式。

我在驚奇小姐死後持續進行清理的過程當中，得到了前往流浪動物收容中心的靈感。在那裡，我遇見了可愛的大型犬幼犬，看著一隻被我命名爲奶油的小狗，在心裡開始慢慢接受了這個全新的存在。

有時我們會藉由清理得到前所未有的體驗，清理帶給我們的，是在這個瞬間體驗到自己的存在，並得以向前邁進的自然力量。

現在我每天與家裡的兩隻愛犬莫札特和奶油快樂的生活著，他們都很喜歡和我玩遊戲。

驚奇小姐，謝謝妳。這是妳送給我的禮物嗎？

過去的願望會不經意的實現

前陣子和修・藍博士通電話時，我告訴他：「最近我變矮了，不知道是不是年紀大了的關係。」

博士聽了之後說：「這應該是妳一直想要的吧？」

我完全不懂這是什麼意思。

博士又說了一次：「這應該是妳一直想要的吧？」

掛上電話的兩三天後，我突然想起一件事：從小我的個子就長得比其他小朋友高一些，爲此感到非常丟臉，每天晚上都躲在被窩裡偷偷許願，希望個子能變矮。

我回想起那段時間，每天晚上偷偷許下這個不知道能不能實現的願望，當時的心情非常孤獨，感覺就像昨天才發生的一樣清晰。我針對這個想法、當時的朋友與家人這些自然想起的事物進行清理，並且告訴內在小孩：「謝謝你讓我想起這些，眞的謝謝你再給了我一次清理的機會。」然後打從心裡感謝他。

即使這個願望是過去的願望，也已經不符合現在的心境，但內在小孩有他自己的節奏，而這些沒有被消除的記憶，有時就是會在完全不合理的時機點出現。主宰身體的內在小孩，會在很久之後將我們過去許下的願望以原本的樣貌展現出來，而我們擁有的時間軸，也都是經由記憶的重播而來。

如果你想起自己小時候曾眞心許下的願望，就應該進行清理。例如在玩具店看到孫子想要可愛娃娃的身影時，想到「我小時候也有過一個很想買卻沒有買到的東西」。

第九章

我的內在小孩

改變生活型態的做法

當我有了「好想擁有這樣的生活型態」的想法，會先試著將荷歐波諾波諾使用在自己的體驗上，因爲想要順應靈感過生活，最重要的就是要放下「我知道此時什麼才是對我最完美的」這樣的成見。

每當我在雜誌、電視、新聞上看到某些人過著美好的生活，我就會想著「居然有這麼棒的人，好想變得和他們一樣」。因爲我的好奇心很強，所以當我聽到有人因爲吃素而變得非常健康時，也會有點心動。

通常在這個時候，內在小孩最容易被忽略。我所看見的、感覺到的、頭腦運作的，都是內在小孩顯現給我的，所以我會先感謝這件事，然後進行清理。什麼時候開始都不嫌晚，越是這樣進行清理，內在小孩就越能給我們協助。當你回過神來，會發現身邊的環境竟變得如此豐富。

人很容易受到當時的資訊、自己的價值觀與成見所影響，而無法判斷什麼才是正確或錯誤的。特別是當你對政治、社會、經濟相關領域抱持著非常強烈的信念，就更需要進行清理，因爲你無論何時都可以從自己的記憶中看到各種資訊與知識（即使是遙遠國家的戰爭新聞）。

價值觀也一樣，它並沒有好壞之分，也不是你自己創造出來或別人灌輸給你的。它是你內在既有的記憶，所以只要對價值觀進行清理，就可以獲得自由與靈感。

大家不妨在日常生活中觀察自己是否經常思考「什麼是正確的、什麼是不正確的」，答案或許會令你感到訝異。這麼做將使你重新發現，我們平常花多少時間在思考自己心中既有的記憶。

不原諒別人，將會對自己造成傷害

如果你一直抱持著「我絕不原諒你」的想法，這句話將不是對某人的詛咒，而是對你自己最大的傷害。因爲在記憶重播的觀點裡，是內在小孩將目前可以清理的部分展現給你的，如果放任不加以清理，內在小孩將會不斷受到傷害。

被關在記憶倉庫裡的內在小孩，會將眼前所看見的透過身體表現出來，然後以疾病、受傷，甚至是經濟問題的形式表現出來。所以，身爲意識的你一旦察覺，就必須開始與內在小孩對話。

謝謝你讓我看見你懷有仇恨，我想你應該還不能原諒那個人吧！但是我會進行清理，並期望放下這一切。因爲我發現你生病、在經濟上發生困難，背負著沉重的痛苦。

相信高血壓的原因也是來自於記憶的重播吧！

這些對我們來說都是有害的。謝謝你讓我看見懷著仇恨是非常痛苦的一件事。很抱歉長久以來一直沒有放下這一切，以後我都會陪在你身邊，讓我們用荷歐波諾波諾一起進行清理吧！

你可以這樣開始與內在小孩說話，但如果你的心情非常激動、無法說出這些話來，那麼只要在心中說「我愛你」、飲用藍色太陽水，並一邊說「冰藍」，一邊觸摸植物，也是很棒的清理方式。接著，可以再次與內在小孩說話。正因爲心情過於激動，更需要反省的機會。

有人會說：「自從我進行清理之後，心情變得更激動了。」或許是因爲之前內在小孩受到囚禁，長時間的忍耐一次爆發開來，為了取得心裡的平衡而產生的變化。所以，請暫時不要分析，先進行清理吧！

因為你放任自己處於這種狀態，而你無法原諒自己這麼做，所以怨恨或嫉妒才會一直持續，事實上是我們無法原諒自己。有些人聽到這樣的解釋，會努力回想自己幼年時期的心理創傷，或是尋求前世的記憶。但是在荷歐波諾波諾裡，所謂的清理只針對目前這個瞬間的自己，只清理現在自己所感覺到、體驗到的事物。如果你想起過去的事情，就清理目前想起過去的這個瞬間。

並不是進行了荷歐波諾波諾之後，意識就絕對只會看見平靜與沉穩，不過內在小孩內心的記憶可以因此歸零，並獲得整理。只要內在小孩取得平衡，你就可以重新獲得內在小孩的信賴。

藉由清理記憶撫平心理創傷

我們經常會因為遭人背叛或無法忘記某人，而感到痛苦、怨恨並產生心理創傷。其實，根本的原因本來就存在你的內心，但內在小孩卻一直獨自承受這些，懷抱著孤獨並感到痛苦。即使是我們本身感覺痛苦且棘手的問題，也都是由內在小孩所承受。

解決問題的最大關鍵在於，你對內在小孩投注感情的多寡，以及是否能保持良好的關係。因爲身爲意識的你所看見的這些痛苦記憶，正是能否取回內在小孩信賴的機會，所以要好好把握。

那些我們不希望忘記的事情與目前所體驗的問題，本來就存在自己的內心，而非新的體驗，所以你可以在現在這個瞬間，針對這些長期以來沒有注意到的部分進行清理。即使未能得到預期的結果，在不斷進行清理的過程中，也可以使內在小孩慢慢獲得解放。不要忘了，內在小孩就是你自己。

藉由清理，內在小孩的狀態會越來越放鬆。緊拉的線團逐漸變鬆的過程中，或許還會讓我們看到其他問題的原因，也就是各種記憶。即使如此，身爲意識的你，職責就是持續進行清理、持續騎在自行車上。只要透過「懺悔」這個荷歐波諾波諾的程序對記憶進行清理，長久以來封存於內在小孩心裡的「我絕不原諒你」的觀念，就會慢慢獲得原諒。這也是向零邁進的唯一程序。

與身邊的人保持適切的距離

很久以前，居住在美國本土的母親曾經拜訪我位於夏威夷的住家。母親住在我家期間，當我工作時，就讓她在二樓的客廳休息。這樣過了兩天之後，母親不想再單獨待在樓上，所以就到一樓的辦公室與我們開心的聊天。當時我還有事情要忙，打算集中精神在工作上，但母親還是一個人說個不停。

雖然很想對母親大吼：「我現在很忙！」但還是忍了下來。不過這種想說卻又不能說的煩悶感，就一直留在我的心裡。

於是，我針對這個瞬間的情感、狀況、母親與自己進行了清理，結果出現了自己的內在小孩影像。我發現當時的我雖然處於孩子的立場，可是現在我與母親的狀態，卻忠實的反映出內在小孩與身為意識的我平常的相處模式。這時我才警覺到，平常自己總是忽視內在小孩展現給我的體驗，只關心自己的狀況，所以才會說出「現在就來聊天吧！」「現在休息一下」「告訴我現在是什麼心情！」這類的話。

我發現自己總是嘮嘮叨叨的說著「這個應該早點結束的，現在馬上就停止！」之類的話，而讓內在小孩有不好的感覺。

「我是你的母親，我當然知道什麼時候會發生什麼事、該怎麼處理。」我總是這麼說，然後繼續忽視內在小孩的努力。內在小孩努力將保留的記憶重播出來，並打算進行清理，但我卻只會阻礙他。我清楚的看到這些景象：我的內在小孩因爲被母親不停嘮叨，正處於頑強反抗的狀態。

透過母親與我的關係，我看到了自己的內在小孩處於什麼樣的狀態，實在非常幸運。自從十九歲那年接觸了荷歐波諾波諾之後，我就持續進行清理，卻一直無法放下「我什麼都知道」的成見。但是，藉由不斷清理並放下自己的成見，當我體驗到「我什麼都不知道」的時候，我感覺自己心裡就進入了下一個階段。

內在小孩就是我們自己，所以長年以來我都知道自己是怎麼對待自己的，從心底悔改並持續進行清理。這麼一來，我與母親、子女的關係也開始有了明顯的改變。我與他們之間的關係再也感覺不到壓力，並能尊重對方，在與每個人共處的時間裡取得了最佳的平衡。我不需要計畫、在意任何事，也不需要配合或說服誰，就可以安心的將自己託付給心愛的人。只要內在小孩感到安心、安全，這樣的感覺就會顯現於自己與他人的關係之中。

當然，母親、孩子、孫子都有各自的立場，但每一個自己都非常清楚，不會只有某個人感到孤獨或爲別人犧牲。莫兒娜經常告訴我：「隨時都要正視自己的內心。」任何人與我之間都沒有隔閡。

身處於現代社會，大部分的人都認爲不管對象是戀人或家人，都必須尊重對方並保有各自的時間，必須將個人的隱私分得更加清楚。但如果只是這樣做的話，一定會有人受傷，而受傷最重的那個將會是自己。因爲就算強迫分配了房間，心底還是會烙印著其他人的存在，強迫是很痛苦的一件事。

只要自己心裡的三個自我與神聖的存有都能在互相連繫時取得平衡，那麼自己與身邊的人之間，就能在自然的律動中保持適切的距離與時機了。

若能在心裡保有讓三個家人（奧瑪庫阿、尤哈尼、內在小孩）安全生活的空間，不管我們在哪裡、與什麼人有關連，都可以保持平靜。

第十章

養育子女

每天都以全新的心情面對孩子

三個孩子還年幼的時候，許多和我一樣有小孩的媽媽經常對我說：「KR，看妳帶小孩好像一點都不辛苦。」即使我告訴對方：「其實我好累喔！」她們也不相信。

我曾經歷過一段無法用言語表達有多辛苦的育兒時期，但幸運的是，由於我認識荷歐波諾波諾，所以即使身爲母親，也可以好好的照顧自己，體驗到任何問題時，都可以選擇進行清理。我不需要思考如何變得更輕鬆，不需要未知的未來，也不需要壓抑自己目前感受到的辛苦，只要針對自己是母親、單親媽媽的這件事進行清理。

當小孩不聽話時，我經常沒有進行清理就對小孩大吼大叫，而使自己體驗到罪惡感。我在上個別課程時，也常有人提到這件事。荷歐波諾波諾認爲「想要成爲最棒的父母，你必須是對內在小孩而言最棒的母親（尤哈尼）」，這一點與你想要成爲最棒的戀人、朋友、女兒、上司是一樣的。不管你如何竭盡所能的付出，只要你不是自己的最佳照護者，別人就只能透過名爲「記憶的霧玻璃」來看

只要你本身是愛，
那麼所有的事物
都將會接納你。

持續進行清理，
靈感將會帶領你走在人生的道路上。

張開嘴、一身白毛髮的是家族新成員奶油。

Aloha

自由女神像。

現在每一個在你身邊的人、
每一件事物、
所在的每一個地方，
都給了我們放下記憶的機會。

女兒與孫子、孫女。

與修·藍博士合影於卡米哈米哈國王（King Kamehameha）銅像前。

待你。

與內在小孩有強烈連繫的人，可以和身邊的人、物品，以及其眞實自性相處得非常融洽，可以學到應該學的、付出應該付出的，使對方可以隨時在平靜之中過得非常自由，這些都是順從靈感行動所得到的成果。

我隨時都在清理身爲母親的痛苦，於是每天都能以全新的心情去看待孩子們的成長。孩子們的模樣每天都在改變，陪在他們身邊的我也一直在成長，得以不停進行清理。

但並不是只要進行清理就不會遇到任何問題。兒子長大的過程中發生過很多事，還曾經被開違規停車的罰單，讓身爲母親的我氣得在法院裡大吼大叫。但我只是一直進行清理，讓思緒與情感得以保持平靜，不管何時，都能在那個瞬間再次回到清理。這對身爲人類的我而言，是最重要的一件事。

讓親子關係往愛的方向發展

身爲「母親」的我們，也身兼孩子照護者的角色。從自己成爲母親的那一瞬間起，就必須開始照護以自己孩子的身分出生於這個世界上的存在。此時，清理「母親」這個立場是非常重要的。

具體來說，清理母親這個立場的做法非常簡單。當你體驗到自己身為母親的瞬間，例如帶孩子到幼稚園、照顧孩子、孩子叫你「媽媽」或自己察覺的時候，就算只是在心裡唸著四句話也沒關係。

孩子本來就身處於神聖的存有身邊，這個存有是孩子本身所擁有，接受這個事實是很重要的。我們大人所能為孩子做的，就是竭盡所能的愛他、照顧他，並將他放回原本的位置。

不管是自己或孩子，都必須分別將自己的存在視為一個完整的「靈魂」。父母越是想擁有孩子，就越是剝奪其內在小孩的自由，使他將原本完美的存在隱藏起來，而這同時也會發生在父母身上。靈魂的自由被剝奪之後，就會重播記憶，因此就發生了問題。

想要解決問題，你所能做的就是清理。如果你是孩子，就清理與父母之間的關係；如果你是父母，就清理與孩子之間的關係；如果你有丈夫、妻子、伴侶，也一樣清理與對方之間的關係。

我們當然是打從心底愛著孩子，請先認清這點，並將它當作體驗來進行清理。請不用擔心，進行清理並不會使某些東西消失。雖然清理房間的時候可能會丟棄當時認爲不需要的東西，但是也會找到消失很久的東西，並且得以將它整理到正確的位置。這一點與清理房間一樣，只要進行清理，就能將記憶送回正確的地方。這麼一來，自己的內在也會產生變化，即使採取同樣的行動，也會獲得不同的結果。

某種意義上來說，親子之間只要進行清理，在潛意識裡就能取得對等的關係。雖然你們在這個瞬間表面上是親子關係，但可能在不斷重複的過去某一段時間裡，你的孩子曾經是你的主管，或是你曾經是他的老師也不一定。雖然我不知道你們以前是什麼關係、發生過什麼事，但我們卻正在重新體驗親子關係之間的障礙，那是肉眼看不見的。

當我們站在父母的角色，把愛投注在孩子身上、盡最大的能力提供最好的環境，可是卻得不到孩子的回應時，那是非常痛苦的。但是，體驗到「痛苦」的原因都是記憶的重播，因此你可以進行清理。或許他曾經有過身處於被安排好的環境裡，表現自己的才能卻被人憎恨、受到懲罰的記憶，所以現在也不敢表現才能。即使身爲父母的你不知道孩子與過去的自己發生了什麼事，最重要的是依序針對自己、成爲問題顯現出來的孩子進行清理。意識並不知道哪件事情與這些問題相關，但不管對方是誰，只要自己處於經過清理的狀態，雙方相處時就能看到彼此眞正的模樣（零的狀態），而雙方的關係就會朝著充滿愛的方向變化。

「愛」就是「自由」。不管你是家族的一員或身爲父母、子女，只要在完美的狀態下將該做的事做好，自然能夠得到該得的東西。

零極限的育兒法則

「妳知道妳的孩子爲什麼生來當妳的孩子嗎？是爲了讓妳煩惱。」修．藍博士經常對身處母親立場的人這麼說，而對於身處孩子立場的人，他也會說一樣的話：「你知道爲什麼你的父母會成爲你的父親與母親嗎？那都是爲了讓你煩惱。」

這樣的說法聽起來或許太過偏激，但修．藍博士所說的煩惱，在這裡指的是爲了讓你清理的意思。雖然不知道你們之間過去發生過什麼事，但你的孩子重新給了你一個機會，讓你放下過去沒有清理乾淨的記憶。

請大家再回想一下，這表示我隨時隨地都在爲自己進行清理，而不是爲孩子進行清理。不論何時，內在小孩都只會爲了意識協助我們進行清理，而不是爲了任何人。如果沒有內在小孩的協助，就無法徹底進行荷歐波諾波諾的程序直到最後。

例如孩子的升學問題，表面上看起來是孩子在體驗考試，但若從荷歐波諾波諾的觀點來看，則是自己在體驗孩子考試這件事，所以要爲自己進行清理。如果朋友來找我商量孩子考試的事，這時接受朋友來商量的人是我，所以我會針對這個體驗進行清理。請不要忘記，清理是隨時發生在自己內在的。

至於要如何清理自己的體驗，最好的辦法是依照自己的自由靈感來進行。我個人的靈感如下：

希望孩子進入好學校的動機

對社會感到不安的體驗

升學所必要的東西

關於孩子進入補習班，自己的意見和想法
補習班的名稱
補習班的地址
孩子的姓名
希望孩子考上的學校
學校的地址
對於孩子升學所體驗到的事情（例如丈夫的反對）
（列清單的過程中所出現的體驗與想法，也都包含在清理內容裡）

你可以將所有事情綜合起來進行清理，但最好能針對每一個瞬間、每一件事情進行清理。在清理的過程中，內在小孩可能接著會讓你體驗到婆媳問題、與鄰居之間的糾紛、遙遠國度的經濟新聞等。雖然不知道下一步會出現什麼，但好不容易才產生這麼自然的清理過程，所以順勢而爲是很重要的。不要以爲「這件事與補習班的問題沒有關係」，所有展現出來的都是記憶的重播，你所要做的就是進行清理。

這麼一來，意識就能發現一些事，例如問題獲得控制或其他的事情得以解決，但也有一些是意識無法發現的，結果就交給神聖的存有。或許因爲你針對目前體驗到的升學問題進行清理的結果，而使某位親戚的疾病痊癒。相反的，當你針對今天在電視新聞看到的交通事故進行清理，或許也可以爲孩子開創安全的出路。即使我們不知道宇宙的法則，但卻擁有「清理」這個最大的工具，我們只要實踐即可。

有一次我與修．藍博士在卡哈拉海灘（Kahala）散步，看到一部警車從海岸上經過。我在這裡住了幾十年，第一次看到這樣的景象，感到非常驚訝。回到停車場後，博士坐進副駕駛座，在我打算發動引擎的瞬間阻止了我，並對我說：

「妳有沒有針對剛才的體驗進行清理？」

這時我才驚醒並體驗到，啊，原來是這麼一回事。

清理自己的經驗是非常重要的，我們不需要知道會有怎麼樣的結果等著，只要針對每一個自己的體驗，一邊說「我愛你」，一邊進行清理，就能以自己原本的模樣與神聖的存有取得連繫。

孩子給我們的，是清理的機會。愛孩子愛到不能自己、孩子哭個不停、擔心孩子、沒有做父母的資格、孩子不聽話、孩子受疾病所苦、孩子不肯上學……這些透過生來做為你最愛的孩子所遇到的各種體驗，身為父母的我們在進行清理的過程中，長年以來累積在自己內心的記憶將一個一個剝離。

結果不只我們，同樣的狀態也會發生在對方身上，我們都可以回到神聖的存有身邊。在完美的狀態下回到本來應該存在的地方，原本應該做的事就會在完美的時機點被完成。

當孩子惹麻煩時，做母親的當然會感到痛苦。由於原因在於幾個世紀之前的自己的內在，因此我們要把這個當作是終於顯現出來的問題，並且馬上進行清理。這是一件很困難的事，但如果你察覺一個已經腐壞的三明治出現在零亂不堪的大包包裡，應該會想「還好我有發現」，然後把三明治丟進垃圾桶裡吧！同樣的，這是一個很好的機會，終於可以放下那些無意識的狀態下累積的記憶。

這些年來我一直是個母親，或許我並不完美，應該也給了孩子許多想法與體驗吧！但是，不管我心情好或不好、經濟狀況穩定或不穩定，我都會一直針對母親這個體驗進行清理。當我體驗到單親媽媽、教學參觀、兄弟吵架、無法買孩子喜歡的玩具給他、叛逆期、與其他家庭比較等各種狀況的時候，我都會進行清理。令人欣慰的是，因爲我這麼做，使大家都能平安的度過這些時期。

在荷歐波諾波諾的程序裡，清理罪惡感是非常重要的。我曾經有過不得已在上班時將年幼的孩子留在家中的經驗，那時大兒子約九歲、二兒子約四歲，剛開始看起來沒有什麼問題，但我卻突然感到不安。「如果是其他家庭，應該無法認同這樣的做法吧！」我的心裡開始感到糾結。於是我清理這樣的體驗、孩子們的姓名與年齡、社會常規，藉由這些動作回到平常的自己（我不在家的時候，都由孩子們準備需要的東西），能夠以平靜的心情外出工作。那天稍晚回到家之後，我發覺正因爲當天的那個時間我不在家裡，使孩子們的手足關係更加協調，得以發揮個別的才能，並有所成長。雖然是微不足道的事，但是他們的內在卻孕育出某種言語無法表達的東西，而我也由衷的體驗到對孩子的尊敬與愛。

如果沒有藉由清理放下當時體驗到的情感，那麼即使我的肉體離開家門，也會因爲記憶的重播使靈魂掛念著家裡的狀況。這對彼此來說都是不安全的，而且也無法給孩子們帶來好的影響。前提是因爲我們都帶著肉體出生於這個世界，因此必須保持自己和孩子的身體安全，可是如果不藉由清理放下擔心與執著，痛苦一定會在某處再次被重播。養育子女、戀愛、各種人際關係都是一樣的。

父母所能給孩子最好的禮物，就是藉由清理使自己歸零。這麼一來，孩子們才會自由，才能回到本來完美的存在。透過清理將孩子送回到神聖的存有身邊，是父母所能給孩子最偉大的愛，這也是莫兒娜教導我的育兒法則。

如何教養孩子？

Q：我的孩子不願意吃飯，眞的讓我覺得好累，而且我不知道如何愛孩子，也不知道該如何拿捏教養分寸。學習荷歐波諾波諾之後，我可以理解孩子有其眞實自性，那麼是不是該放手讓孩子自由發展呢？

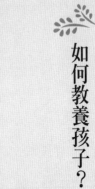

這樣是不對的。再向大家重複一次，身處於某些問題發生的地方，都是自己本身的問題，這些問題是你心中的內在小孩顯現出來讓你看見的，原因來自於你心中一直未加以清理、累積多時的記憶倉庫裡。首先，你可以做的就是清理，接著便可以從這裡開始。孩子確實有其眞實自性，而你藉由孩子所體驗到的，都是你心中記憶的重播。

許多人一邊學習荷歐波諾波諾，卻一邊不停的想要跳下自行車。或許是害怕內在小孩最後會讓他聽見的聲音，不想看到內在小孩讓他看見的；又或許是因爲無法如他所願，或是感到疲累了。但請你再回想一下，如果曾經想過要再清理一次，那麼希望你能重新跳上自行車。

清理不需要在任何意志或目的下進行，只要踩下踏板即可。當你不停踏著踏板、進行清理之後，你就可以從那些所擁有的、所能做到的東西裡，給予孩子應該給他們的部分。如果你勉強自己或認爲這就是母親的職責，而將自己推入看不見的死胡同裡，對你的內在小孩來說，就是一種虐待，你沒有必要犧牲自己。

每當有人找我商量教養子女的事情，我都會告訴他們：「首先，請你好好保護自己。」

在想著如何處理孩子的事之前，請先清理你的內心。我們是帶著這個身體出生於這個世界的，而非只有意識。好好保護自己的身體，就是細心呵護自己的內在小孩。這麼一來，內在小孩就一定會將接下來必須清理的事情展現在你的面前。如果母親教養子女時犧牲了自己，那麼妳帶給孩子的就是「犧牲」。當妳在教導孩子的時候，就等於是教導他們「必須犧牲自己」。母親擔心孩子不吃胡蘿蔔無法獲得均衡的營養，掛心孩子的健康，但給予孩子的卻不是胡蘿蔔，而是

「犧牲」。

其實孩子們都看得很清楚，即使是睡覺的時候，他們也都在聆聽。荷歐波諾波諾回歸自性法的基礎課程是零歲以上的小孩就可以參加的，有時孩子坐在椅子上睡著了，父母親努力想將孩子叫醒，這時修．藍博士會阻止他們說：「孩子雖然在睡覺，但卻比清醒的你們聽得更清楚。」

雖然無法一言以蔽之，但是小孩與潛意識之間的連結似乎比大人更強，所以能夠比你更清楚聽到你的內在小孩在說些什麼。例如小孩戳你的眼睛，你大聲斥責他，如果你沒有進行清理，孩子就只會聽見內在小孩在沒有受到仔細呵護狀態下的聲音。等孩子長大後，也會以同樣的方式對待他人與自己。如果身爲父母的你可以愛惜自己，並仔細清理那些藉由孩子所體驗到的事物，那麼就能以父母的身分斥責孩子。

「犧牲是不會產生任何東西的，一定要隨時愛自己。」這是莫兒娜對當時忙於養育子女的我所說的話。

每個人同時都有數不清的立場，可能同時身兼母親與妻子，有工作、有家庭、需要培育植物、身爲自己父母的孩子等。因爲遇到養育子女方面的問題，強烈的想要仔細針對這部分進行清理，那麼更需要在每一天清理自己身爲人的每一件事物。莫兒娜告訴我：「公司、家庭、收入來源、與鄰居之間的關係、電視新聞、路上發生的交通事故、車子出狀況，這些事情都要一一進行清理。」

舉例來說，某天你感到非常氣憤，但是沒有清理就回家了，之後煮飯給孩子吃，那麼這些食物就會傳達「憤怒」給孩子。職業婦女更需要清理，如果沒有將公司裡強烈的想法、情感或自己的痛苦清理乾淨，就會影響到孩子。丈夫出外工作的家庭主婦也是一樣，如果妳的丈夫不知道荷歐波諾波諾，只要妳自己有進行清理就沒關係。還有，建議大家仔細清理自己的家。

另外像是承辦重大刑案的警官，以及在收容重大傷病患者的醫院上班的醫生與看護人員、醫院員工、去探病的家屬……如果沒有進行清理就回家，那麼除了這些人之外，他們的家也將背負著記憶，使生活在這個家裡的每一個家族成員都受影響。我曾經在爲客戶進行身體工作之後，沒有清理就和孩子接觸，並觸碰某些東西、開始做某些事情，而受到莫兒娜非常嚴厲的指責。因爲不進行清理就從事某些事情，就好像一整天東摸西摸，煮飯之前卻不洗手一樣。

宇宙裡沒有秘密，
某個人正在某個地方傾聽你所說的話。
如果這個地球上的某個角落裡有人提出了什麼疑問，
那就表示你的心裡也有這個疑問。
如果這個地球的某個角落裡有人在哭泣，
那就表示你的內心裡也感覺到悲傷。
如果你不進行清理，只是持續憎恨著某個人，
地球上的某個角落裡一定有人聽見了這件事，
一定有某個人因爲這段記憶而感到痛苦。

所有的一切都在自己的內心裡，所以首先我們要掃除自己的內心。做法非常簡單，只要進行清理即可。你將會發現你自己、身邊的人事物，都會在最適合的時機點，出現在最適合的地方。

© 2011 Seiya Nakano

KR & 吉本芭娜娜之
零極限對談

KR：最近我們的家族成員多了一隻大白狗。

吉本芭娜娜（以下簡稱吉本）：多了一個家人呀！

KR：是一隻白色的狗，叫作奶油，什麼東西都放到嘴裡咬。對了，我也要教我女兒讀妳的書，她今年三十二歲，有兩個小孩，年紀較小的那個孫子已經十歲了。

吉本：妳夏威夷的房子裡有好多玩具，是這些孩子們的嗎？

KR：是啊，那裡已經變成孫子們的遊樂園了。

吉本：小孩最喜歡那樣的地方了，一定到處跑來跑去吧？上次我兒子到夏威夷，去妳家玩的時候也說：「我不要回去了，這裡比飯店好玩。」

KR：是啊，那裡的院子很大，還有小狗，我的孫子們也經常在那裡跑來跑去。

吉本：不管狗再怎麼吠，我兒子都不怕，所以他也不怕妳家的狗，玩得很開心呢！

KR：妳說妳養了五隻不同的動物，是哪些動物呢？

吉本：有兩隻狗、兩隻貓和一隻烏龜。

KR：哇，好厲害啊！我女兒養了兩隻鸚鵡，非常愛咬人喔！明明長得那麼小隻，卻很愛咬，還會嗶嗶嗶的叫，所以有時候我們會給牠一點小小的懲罰（笑）。牠很喜歡我常戴的這條項鍊，常常啄上面的珍珠。

吉本：對啊，小鳥一定很喜歡這個形狀的東西（笑）。

KR：我也有養烏龜，總是舒服的在水裡游泳。

吉本：我家養的是陸龜，當我工作的時候，牠就會跑到我的腳邊睡覺。以前我養了一隻很大的陸龜，後來越長越大，還弄壞了我租的房子，害我被房東罵，所以就送到朋友家。牠很聰明，還會等在冰箱前面要東西吃。肚子餓的時候，就到蔬果室前面一直等著。

KR：哇，好聰明喔！

酒瓶椰子。

如何找回眞正的自己？

編輯部：目前日本有越來越多人因爲各種理由而失去了生存的目標，想請問兩人對這件事的看法。

吉本：在日本感覺時間過得很快，我認爲這應該是失去生存目標的原因之一吧！不知道爲什麼，日本與夏威夷等地方完全不同，時間過得好快。看著時間飛快的走著，卻仍然有許多事情讓我們感到寂寞。像是某天突然發現自己已經三十歲了，但心境上卻還是個小孩。當我們處於一種身體與心靈的成長無法順利連結的狀態時，就會開始擔心「接下來該怎麼辦？」，然後變得焦慮。

接著就會有很多人因爲失去生存目標而感到罪惡。其實，眞正的原因不在於個人，部分原因是因爲整個社會組織運作得太快了。關於這件事，這本書裡已經告訴我們，自己可以做些什麼。

KR：妳說的這些話，有如一股美麗的清流般流進我的心中。時間飛快流逝是身處目前這個社會的人所抱持的多數體驗之一。我自己三十歲左右的時候，並沒有時間過得太快的體驗，但是卻常聽到三十二歲的女兒喊著時間過得好快。

荷歐波諾波諾最美好的地方，就是讓我們回到真正的自己，並且發現自己的可能性，重新找到意想不到的自己。就像現在有機會與妳進行對談一樣，讓我體驗到目前這個瞬間發生不同於日常生活的事情，就會有某種東西自然的展開了。

至於剛才妳提到感覺這個社會的時間過得很快，不論自己怎麼努力也改變不了。其實不管身處於怎麼樣的狀況，只要進行荷歐波諾波諾的程序，就可以將自己的意識與潛意識連結在一起，然後回到「真正的自己」。

吉本：是的。

KR：我很幸運在十九歲時認識了荷歐波諾波諾，對於這點我心存感激。雖然不是因此所有的一切就能完美的照著自己的意思發展，不過自從這個世界開始以來，我自己所體驗過的所有過錯、後悔、痛苦，都在今天這個瞬間以「謝謝你、對不起、請原諒我、我愛你」進行懺悔、原諒、轉化，這真的是很棒的一件事。

自己已經發現的過錯與後悔，甚至是意識還不知道的事情，也可以藉由事前清理而放下，也就是可以原諒。就像妳藉由寫書自我反省一樣，近四十年以來，我也藉由荷歐波諾波諾的個別課程進行內省。透過現在眼前的工作與職務，盡可能回到自己是很重要的。

吉本：我大約是二十三歲時出社會的，也經歷過很多事情，有好的，也有壞的。為了憑自己的力量解決問題，嘗試過種種方式。首先，我試著隱藏自己不讓別人看見，例如故意穿上不符合我的風格的衣服外出。像這樣隱藏眞正的自己，表面上即使可以獲得解決，但無意識卻累積了某些東西。借用**KR**的講法，就是內在小孩受了傷。如果沒有練習如何與內在小孩取得連繫，就會逐漸變得無法與他對話，所以我思考了許多關於與潛意識取得連繫的事情。

一般人都以為心裡較高的人格是位於距離身體較遠的這個地方（一邊指著頭頂），但是如果講到肉體的部分，應該是在這裡（一邊指著肚臍以下的下腹部），也就是一般稱為丹田的地方。可是現代人都認為這裡（頭頂）

© 2011 Seiya Nakano

是主宰自己的部分，所以無法和位於丹田這邊的純眞且高尚的自我取得連繫，於是與眞正的自己漸行漸遠。但是，只要曾經想過眞正的自己是位於自己之內，我認爲就能逐漸取得連繫。只要曾經想過這件事，就不會白費力氣的以大腦思考，而變得越來越輕鬆。

KR：這樣解釋非常容易理解！

吉本：呵呵呵（笑）。

KR：以前我也浪費了很多時間（笑）。

吉本：年輕的時候多浪費一些時間來換取經驗或許不錯，不過現在的人可能即使到了四、五十歲，還是會靠著頭頂思考，而忙得團團轉。所以，如果能進入自己的內在，一定會對其寬廣無邊感到非常訝異。

如何清理身爲女性的自覺？

編輯部：吉本芭娜娜平常都是什麼時候會實踐荷歐波諾波諾呢？

吉本：不管發生任何事，就是先進行清理。就只是這樣，並不是因爲期待清理後會變得如何而做。

從前的日本人會藉由唸佛或曼陀羅回到無意識狀態，並重複實踐，所以他們很容易接受荷歐波諾波諾。但現在的年輕人很容易發生這樣的問題，例如當男朋友說「我覺得妳頭髮留長比較好」或「不要去爬山，我們去海邊吧」時，日本的年輕女性通常不會說出「我就是喜歡短頭髮」或「我比較希望一起去爬山」，我想這也是過去的記憶重播所致。

© 2011 Seiya Nakano

KR：因爲自己內部的記憶重播，所以無法向前走。

吉本：這麼做，即使或多或少會有一些衝突，但是卻可以讓兩個人的想法更加一致，不過大家卻不這麼做。這可以說是日本女性的記憶，當然其他國家也會有這樣的問題。

KR：是呀，這也存在於美國文化裡。

吉本：所以要清理「身爲女性的自覺」，我覺得荷歐波諾波諾對這一點特別有效。

KR：說是「女性」，其實也包含了男性內在的「母性」部分。

吉本：我認爲男性所擁有眞正的體貼就是「母性」，太宰治也說過一樣的話。可是現在的社會裡，男性越來越難表現出能貼近母性的體貼了。男性所擁有眞正的體貼，跟女性的體貼有點不一樣。例如當女性工作太忙時，會說：「爲什麼我的工作會這麼忙？我想休息！」這時如果是女性朋友，就會告訴她：「那我們一起去吃些美食吧！」或「妳需要去旅行，好好放鬆一下。」但男性所擁有眞正的體貼，則是不發一言，裝作什麼都沒聽見，並且背著她努力工作，不主動提起這件事，只是做好不論女友何時離職都無所謂的準備。不過，我覺得現在還是很少有這種能讓男性表現出這些特質的環境。

KR：如果眞的有這麼體貼的男性眞是太棒了（笑）！

吉本：啊，這裡有男生！（一邊笑，一邊指著房間裡唯一的男性工作人員。）但關於這一點，我想金錢的問題還是很大。現在我們需要思考的課題中，金錢問題是其中之一。

KR：是啊，個別課程裡這樣的問題特別多。

吉本：以各種層面來看，我覺得大家對金錢的態度已經成爲現今的社會問題了。這本書裡也有相關的內容，我覺得很棒。也就是說，解決這些問題的方法不是賺錢，也不是過著沒有錢的生活，而是清理。

KR：感謝所有清理的機會，雖然大家都是共同擁有記憶，但是每個人體驗記憶的方法都不一樣，因此用自己的語言來傾聽現在發生的事情是具有很大的意義的。例如剛才妳所說的「金錢」，每個人體驗記憶的方法也都不同。

編輯部：吉本芭娜娜接觸荷歐波諾波諾的契機是什麼呢？

吉本：我也不記得是什麼時候了，只記得是別人介紹給我的，而且還是好幾個人同時介紹的。不過像這種時候，一定發生過什麼事。

KR：是啊，這眞是非常有趣。當有一天我們突然發現的時候，眼前就已經爲我們準備好道路了，我也經常有類似的體驗。

吉本：對呀，就是有這樣的感覺，我覺得就是這樣。

KR：每個人都有最適合接觸的時間點，也有可能像妳這樣在某個時候就以很自然的形態接觸到。接觸我們應該了解的事物，這個力量就在自己的心裡。妳的心裡當然也有這個力量，尤其是當妳發現這件事情、將它納入內在時，力量特別強大。

吉本：現在回想起來，在我認識荷歐波諾波諾之前，自己就已經用不一樣的方式進行著類似的行爲了。當然，當時並不知道該如何表現這件事。該怎麼說呢，以前我還覺得是不是自己的頭腦怪怪的（笑）。

例如我曾經在住進老舊旅社後，感覺房間很恐怖或有很多人在這裡發生紛爭，於是從外面摘一片葉子放在房間中央，或是將溫泉水倒進杯子、放在房間裡。而且不是放在桌子上，而是鏡子前面。我自己也不懂這個道理，所以才覺得自己頭腦是不是怪怪的。

即使如此，我還是覺得只要有效就好了。後來，某天看到荷歐波諾波諾的書，裡面寫著完全一模一樣的內容，我才安心的想：「啊，還好不是我很奇怪。」

KR：在我認識荷歐波諾波諾之前，也有過一樣的體驗。其實，對自己最自然的律動才是最重要的。我從妳的作品裡，也可以感覺這種從自然律動所產生的纖細與柔和。每次讀妳的書，都覺得妳清楚的用語言表達出人類的思考方式與內心裡發生的事情，讓我感覺自己能誠實的面對自己。那是在自己對自己眞正客觀、正視自己的潛在意識與意識如何進行交流的時候，才能夠初次見到的世界。

吉本：謝謝妳。

KR：我們平常也經常爲自己設限，而看不見限制以外的部分。但其實只有維持開放、誠實，才能身處於解放自我的狀態。荷歐波諾波諾也是如此，當你告訴自己「儘管變得自由吧！」並將門打開，不管什麼時候，都可以從宇宙獲得許多東西，並成爲自己的養分。

持續清理卻感覺不到變化時，該怎麼做？

編輯部：有些人雖然持續進行清理，但是卻覺得「什麼都沒有改變」或「感覺不到變化」。

吉本：我是個非常現實的人，而且我覺得現實對於生存是一件很重要的事，所以當我外出旅行時，感覺某個地方怪怪時所採取的行動，或是實踐荷歐波諾波諾時，最重要的就是現實上的「有效」。有些人一聽到現實上的有效，馬上就會聯想到金錢或富裕的生活，但我覺得這樣非常貧乏。我的意思是說，現實上的有效，指的應該是內在的富足。

在進行人際關係的清理時，就好比用超音波交談的海豚一樣，越早有回應的人就是距離自己比較近的好人。但如果經過清理之後，記憶仍不斷從最底部冒出來，無法改善的人際關係就會非常自然的逐漸遠離，例如突然搬家等。相反的，有時經過清理之後，對方就突然改變，變成對自己而言非常棒的人，所以對我來說，清理就像是超音波一樣，是我衡量人際關係的標準。這麼說很容易被誤解，不過我覺得是非常合理的。

KR：謝謝妳這麼完美的解釋。如果內在不進行反省，是不可能表現於外在的。

吉本：但是通常大家像這樣關注內在的時候，都會對自己沒有信心。如果有人自信滿滿的認爲「我想的絕對是對的」，那也很奇怪。所以對於那些肉眼看不見的東西，自己的衡量標準就是清理了。

KR：一點都沒錯。清理可以將在自己內心發生的、肉眼看不見的部分轉變爲可以測得的存在。問題不在於自己的外在，而是在自己的內在。

吉本：嗯，我覺得這就是最了不起的地方。就好比世界上有很多解決問題的方法，例如在頭上接電極進行靜心，或是說一百萬次「謝謝」等。雖然還有很多方法，不過還是荷歐波諾波諾最不會讓人白費力氣。我個人比較不喜歡做白工，但也有人喜歡多花一點工夫。我想這是因爲每個人的喜好不同，不過對我而言，清理是很自然的方法。

KR：雖然一開始會幹勁十足的說：「我會加油！」不過之後還是會很累啊！實行荷歐波諾波諾可能會發生各式各樣的事情，不過意識是無法掌握到所有實際發生的事情的，就連我也一樣。

吉本：當我們無法判斷何時該結束人際關係時，就好比把花插在花瓶裡，雖然只要在水裡剪枝，花就可以維持比較久，但不管在水裡剪多少次，都會有一定的極限，再往下剪也沒用，不久後還是得跟它們說再見。人際關係也是一樣，雖然藉由清理可以看清楚現實世界，不過還是會有一種再往下就不是能由自己決定的感覺。

有一點希望大家不要誤解，有些人會誤以爲當人家拿刀來侵犯你時，只要進行清理就沒事，但事實上有些時候並非如此，這本書裡對這一點也有很清楚的解釋。我之所以這麼說，是因爲擔心有些人在讀了修．藍博士的書之後，會依據字面涵義，以爲就算哪天快被殺死了，只要進行清理就可以解決。因爲修．藍博士的體貼，就是剛才妳說到的那種男性所具有的母性部分，所以不會說太多不必要的事（笑），但是KR就會站在現實的角度，叫我們找警察來，因此可以很清楚了解荷歐波諾波諾是怎麼樣融入現實世界裡的。

KR：對呀，並不是做完清理之後就結束了，重要的是要現實的面對當時所發生的事情。每個瞬間都進行清理，並採取行動，需要逃跑的時候就要逃。

吉本：是的。因爲我擔心荷歐波諾波諾這部分會受到誤解，所以才提出來講。

ＫＲ：謝謝妳讓我發現這一點。

如何與物品、土地、植物相處？

編輯部：請教兩位平時在和物品、土地說話與清理時，需要注意什麼事？因爲我每次都會忘記。

KR：清理是人生中的選項，每個人隨時都有選擇要不要實踐荷歐波諾波諾的自由。因此，也可以反省完、做好準備之後再開始。

例如我手上這本吉本小姐的《無情／厄運》也不是單純的物品，而是一個具有意志的獨立眞實自性，因此在進行清理的過程中，很自然的會逐漸感受到自己對於這個存在所抱持的尊敬與尊重。

土地也是如此。當我們尊敬這個具有意識的存在時，就能放下肉眼看不見的自己、所有與這片土地相關的障礙。而給予我們這個機會的，正是清理。例如當你在看房子的時候，如果一進到屋裡就對著天花板說：「我不喜歡這個天花板，好破舊喔！」房子聽到這句話是會受傷的。不妨換個方式問說：「天花板呀，你已經舊了，需要幫你重新整修嗎？」兩種方法的結果或許一樣，但心態卻是不同的。

又例如，當我們因爲樹木老朽可能造成危險，或是染上某種病蟲害必須砍掉時，不能只是將樹砍掉，應該站在將對這個存在進行某些行爲的人的立場，並做些像是詢問之類的動作。如此一來，就能放下心裡與樹木共有的記憶。因爲兩者都是具有生命的，因此可以毫無痛苦的送走它。

吉本：這麼說來，所有與物品、土地、植物的關連，最終都是爲了我們自己嗎？

KR：是的！

吉本：當我仔細的看著某些事物時，經常會想到每一件事物之間的連繫有多麼緊密，有時還會覺得毛骨悚然。

回到剛才的話題。我是一個很敏感的人，常常直覺反應「不喜歡這裡、喜歡那裡」「這裡好悲傷喔！」「總覺得不想碰這個東西」，幾乎每一個人都會跟我說：「妳太敏感了，應該更隨性一點。」並建議我「去磨練妳的心智」「去做瑜伽」「多走路有益身心」等，不過也有人告訴我：「妳可以多多發揮敏感的部分。」不管怎麼樣，我都會覺得這樣好隨便，又沒什麼效果。

這就像是在對自己的小孩說：「你太敏感了，要變得更強才行！」然後明明他想畫畫，但卻送他去學柔道一樣。於是我開始不去在意別人的意見，只是仔細觀察周遭的事物，結果就聯想到很多事情。例如這杯咖啡要在什麼時間點喝完？讓我打翻杯子的眞正原因是什麼？說不定是來自早上按掉鬧鐘時的感覺等。雖然所有的事情是如此互相連繫著，但如果每件事情都必須這樣去聯想，那眞的會變得怪怪的（笑）。正因如此，我們唯一能做的，就是謹愼的面對每一個瞬間。這並不是指「這杯咖啡什麼時候會喝完？之後又會怎麼樣？」這些事情，而是要有自信自己能在最完美的時間點，完美的做完某件事情，這一點非常重要。

要做到如此，我覺得注意到眼前的某些東西，對自己來說是很重要的。例如出門前想穿綠色的襪子，但是一時找不到，因爲怕麻煩，所以就穿了別雙襪子出門，沒想到這點小事卻讓自己在和戀人見面時喪失自信。所有的事物都是這樣構成的，所以早上當我聽見綠色襪子說希望我穿它，或是內在小孩告訴我想穿綠色襪子時，即使會遲到三分鐘，我也會找出那雙襪子，我想應該就是這樣的感覺。

KR：這眞是清理每一件事情的好例子。因爲妳正處在「目前這個瞬間」之中，所以能聽到內在小孩與物品所發出的微弱聲音。我好喜歡妳所舉的這個例子。

吉本：不過人類是可以靠自己的意志做到某些事情的，例如我現在穿灰色襪子，就算綠色襪子在家裡哭泣，我也可以說：「我一點也不在乎！」雖然可以這麼做，但總覺得好像不太對勁。其實是因爲內在小孩受到忽略，自己一點一點的受傷，跟割手腕自殘沒有兩樣。或許有人會覺得哪有這麼誇張，但是律動就是這麼重要，直覺就是這麼值得信賴。

編輯部：很多人都努力想要發現內在小孩的存在，拚命想要聽到內在小孩的聲音，但是做不到該怎麼辦？

吉本：如果沒有快樂與自由，不管什麼都無法持續下去。而且不管再怎麼煩惱，大家都還能住在房子裡，每天也都有飯吃。所以我覺得不需要想那麼多，大家都太拚命了！

KR：像這種拚命的時候，內在小孩還是只有一個人獨處，所以此時更要仔細的進行清理。

例如我非常害怕搭飛機，雖然有進行清理，但後來是因爲孫子幫我把《馬達加斯加》《史瑞克》等卡通影片存進iPod裡，才讓我可以在搭飛機的時候，開心大笑的度過這段時間。原本這段時間對我來說是最糟糕的，不過現在卻能盡情的享受，這對我來說很重要。很多人都會自我設限，覺得某個年紀應該看某種類型的書、某部電影應該是給小孩子看的等，但這些對我來說都無所謂。

吉本：一點都沒錯。

KR：年齡也是可以進行清理的體驗之一。因爲對年紀、國籍的想法與看法也是記憶的重播。像我去日本和大家相處的時候，得到了很多深受感動的體驗機會。那裡有各種不同的人，有自由自在的人，也有愁眉苦臉的人，但大家都很認眞的聽我說話。

荷歐波諾波諾是一個不論在何處都可以使用的程序，就像妳剛才說的，不管發生什麼事、在什麼地方，都是對當時的自己最有效的方法。

爲什麼快樂很重要？

編輯部：芭娜娜認爲日本人是怎麼樣的人？

吉本：我認爲本來的日本人是很喜歡快樂的，但最近我常想，眞希望我們能找回這樣的想法。我覺得日本人總是可以從很小的事情裡找到快樂與優美。我每次出國時都會想：「日本的沖水廁所眞是太完美了！」而感到非常感動。

KR：這眞是很棒的體驗，我也有同感。

吉本：我覺得我們可以更以這一點爲榮！希望大家可以更有自信的告訴全世界「請到日本來玩」。

編輯部：妳覺得爲什麼日本人變得不以此爲榮了呢？

吉本：我也不知道，或許是快樂的事情變少了吧！應該是說，越來越少看起來很快樂的人了。我到國外時都會發現，走在路上就可以看到很多快樂的人。當然，每個國家也都會有很多光是走在路上就很生氣的人，但同樣的，還是有很多光是走在路上就很快樂的人。

ＫＲ：是啊，像夏威夷就可以常常看到喔！出國時，我雖然聽不懂大家在說些什麼，但感覺就是會笑出來，包括日本也是，我也可以從妳的存在感覺到快樂與幽默。妳認爲快樂是什麼呢？

吉本：我很少想到這件事（笑），但是我知道強迫改變自己的想法是沒有意義的，而且也很浪費時間。我總覺得我們的情緒與每一件發生的事情都一定會在某個深處有所連繫，不管笑得多開心或心裡在生氣等，在深層之處一定與對方是相通的。

我有一個教夏威夷舞的老師，她長得非常漂亮，卻因此突然被人打。但她看起來還是很快樂，即使骨折了也很快樂，就連感冒時也一樣。

ＫＲ：這也會慢慢感染到身邊的人喔（笑）！

吉本：那個老師也是通靈體質，有一次我去夏威夷舞教室，她對我說：「感覺今天這裡好像有一個很小的我。」我問她：「是不是肚臍下面？」她爽快的說：「再更下面一點！」然後又說：「因爲今天這裡有一個小小的自己，所以走路時會拉住我，讓我走得很吃力。不過跳舞的時候沒關係！」聽她這麼一說，我有種恍然大悟的感覺，原來她是這樣跟自己的內在小孩相處的，感覺就好像在說：「跳舞的時候是左右移動，所以很輕鬆，但走起路來就礙手礙腳了（笑）！」

KR：呵呵呵，這種相處的方法眞是令人愉快啊！

吉本：是啊，這種相處的方式好像比較好，感覺快樂眞的很重要。

KR：每當我覺得自己對內在小孩的感情變淡時，就會很自然的用手輕敲自己的肩膀附近，從這個時候的靈感體驗到自由。每個人的做法都不一樣，我們的身體與內在小孩是連繫在一起的。

那麼妳在「身體」方面有什麼樣的體驗呢？

如何傾聽並回應身體的聲音？

吉本：雖然我經常反省並進行清理，但是卻沒有善待自己的身體，甚至到了忘記身體存在的程度。不過，我認爲身體的痛苦幾乎等於心理的痛苦，每當我感覺痛苦時，就會發現自己現在對某件事太過認眞了。所以，隨時進行微調是很重要的，一直累積的話，感覺會變得很慘。

KR：意思就是要傾聽並回應身體的聲音吧！妳剛才說的微調，對我來說就是清理。我認爲身體是我最要好的朋友，而不只是一個軀殼而已。因爲她是具有眞實自性的，所以我經常會跟她說話，了解她需要什麼。我曾經有過在醫院時，身體被當成道具一樣對待的體驗。大部分的人都會將身體當成可以提供自己某種東西的存在，但是我會把自己的身體看作一個客觀的存在般對待。

吉本：嗯，這些話很值得參考。

KR：這麼一來，就很容易看見必要的處置方式，或是妳所說的應該看見的心理狀態了。

有一天，我和孫子在院子裡玩，我騎著他的三輪車，玩得非常開心，因爲沒有感覺到任何限制，所以身體也很開心。直到我的孫子對我說：「快點還給我啦！」我才打從心裡感謝自己的身體，並對她說：「謝謝妳讓我騎三輪車。」

編輯部：KR女士眞是充滿朝氣啊！像這樣和孫子一起玩，感覺好棒喔！

KR：我認爲清理是最重要的。對待女兒也是一樣，我不是站在母親的立場提出意見，而是回到「眞正的自己」，消除記憶後才進行對話。如果站在母親的立場，就會分不清自己應該說的話。或許是因爲這樣的關係，我的孫子也能開心的與我相處。當然，如果有需要提醒什麼的時候，我也會將這當成値得尊敬的眞實自性與其進行對話，而不是基於立場與義務。

還有一次，我和女兒一家人到餐廳用餐，與孫子聊天時，有一個女服務生對我說：「你們是一家人嗎？」我回答她：「是啊！」結果女服務生說：「一點都看不出來，因爲你們看起來都很開心的樣子。」那時我想，眞是太棒了！這表示我的清理進行得很順利（笑）。妳在養育子女上有怎麼樣的體驗呢？

吉本：帶小孩眞的很辛苦。

KR：是呀！

吉本：帶小孩要花很多時間，也花很多體力，當然也會感到焦躁，偶爾也會大吵架。

不過怎麼說呢，會有這些感覺也是理所當然的吧！事實上，已經存在的東西是無法當作不存在的。帶小孩也是一樣，是無法用大腦思考的，所以有些人經常會說幾歲之前要完成什麼目標、幾歲之前要結婚和生小孩、要讓小孩進怎麼樣的學校等，我反而覺得他們很厲害，像我就完全沒辦法想這些事。我每天只是與孩子相處，並且每天都做好多選擇。

從孩子還小的時候開始，我就常帶他一起外出旅行，身邊的人大多對這件事有意見，例如「讓小孩長時間搭飛機很不好」「讓他向幼稚園請假很不好」等。還有些人會提到錢的事，例如「如果考慮到機票費用，請人在家裡照顧小孩，妳一個人去旅行不是比較好嗎？」不過我並不介意這種事，因爲我很重視自己想要一分一秒都和小孩在一起的本能聲音。

KR：照顧小孩當然很辛苦，但就像妳所說的，這對我來說是很難說明的一件事，而且我們很誠實的接受這件事，我認爲這種態度是很棒的。我也一樣會帶小孩到公司，外出時也會帶著一起，然後就經常被身邊的人唸。但是只要我進行清理、一項一項選擇，就不會有太大的問題發生。最重要的是自己的內心非常平靜，如果完全按照身邊的人的意見去做，光想就覺得很恐怖。像妳這樣可以鼓起勇氣將這些想法化爲語言，眞的很棒。當我的小孩還是嬰兒時，我都是背著或抱著他工作，結果我媽媽就很擔心的罵我：「這樣太危險了，快把他放在嬰兒床上！」但我還是一直抱著他。藉由清理，我對於自己現在這個瞬間希望表現愛情這件事，是充滿自信的。

吉本：不論如何，可以確定的是，帶小孩絕對不是口頭說說的漂亮客套話而已。這是一件很美好的事，但也不是進行清理就可以獲得身邊的人認同，成爲正確的母親，或是培養出優秀的小孩。這些期待正是應該清理的對象。簡單來說，帶小孩就好像只穿著一件丁字褲進入叢林一樣。

KR：這個說法太棒了（笑）！每個媽媽都非常了不起呢！

吉本：這一點對任何人來說都是不會變的，所以只要把這個當作大前提，就可以開開心心的面對大部分的事情了。

KR：穿著一件丁字褲……我好喜歡這個說法！雖然不知道叢林裡會遇到什麼，但是只要進行清理，即使沒有任何期待，還是可以成爲做好準備的自己。

吉本：我覺得這樣比較好，大致上就像覆蓋了一層美麗的薄霧。

如何從小事做起？

KR：妳在實踐荷歐波諾波諾時，遇過什麼問題嗎？

吉本：這個問題每個人可能都想過，而我自己也隱隱約約感覺到似乎已經獲得解決。因爲記憶的根源太深了，不管怎麼清理，這個問題本身的色彩與觸感卻還是沒有改變，我想唯一的答案只有繼續清理，但這時應該針對自己出生之前或全人類出生之前的記憶進行清理。大部分的人遇到這樣的狀況都會想逃開，對於這些想逃避清理的人，妳有什麼建議嗎？

KR：謝謝妳讓我發現這個問題。假設是妳正在經歷這個體驗，那麼妳的這個體驗就是以妳想逃離這裡的事實存在於此，因此要清理這個體驗。說不定這是來自妳的前世，也或許是人類開始之前的記憶。雖然我不知道是哪一個，不過妳應該先清理想要逃離的這個體驗。

就如妳剛才所說，不管如何清理都不能成爲完美的母親、完美的孩子、完美的妻子，但我們所能做的，就是清理「目前這個瞬間」的體驗所發生的事情。像妳所講的，如何有效的實行荷歐波諾波諾是最重要的。

吉本：我懂了。我覺得這對於閱讀這本書的每位讀者都具有非常大的意義。大部分的人在進行清理的時候，都不從小事做起，而是突然從很大的事情開始，正因如此才覺得厭煩吧！我認爲大家可以從較小一點的事情做起，但大多數的人可能會說：「我就是因爲遇到這麼大的問題，所以要從這裡開始。」不過如果能從較細微的地方開始進行清理，一定能獲得某些回應，這樣會比較有感覺。

KR：這是眞的。從這些小地方進行清理，會發現或許那個記憶才是與大問題相關連的，或許也可以從這些小地方看到下一個該發現的地方。還有，這些「大的」「小的」也只是自己的記憶，荷歐波諾波諾的清理法秘訣在於只要清理自己身邊所發生的事情。如果這些「小的」「大的」是發生在自己心裡，那麼清理眼前發生的事情才是最重要的。

吉本：嗯，又學到一個大秘訣。

雖然我自己並不完全如此，不過聽很多實踐荷歐波諾波諾的朋友說，如果不從自己小時候發生過的不愉快的事開始進行清理，就無法開始、無法繼續往下進行。
可是有些事乍看之下沒什麼，但實際上卻與某件不相干的事有關，而這個關連也許是個暗示，例如把壞掉的燈泡換掉等。雖然這才是某個人在意的問題的暗示，但很多人卻都從大地方開始，例如「但是我婆婆她……」「沒有消除創傷就無法繼續下去」「因爲家裡太小，所以沒辦法……」「我已經不想再感覺什麼了……」，然後不知不覺的開始躲在陰暗的房間裡，所以我覺得應該要正視這些小的暗示與顯現在面前的事物。

KR：一點也沒錯。我看到了好多清理，謝謝妳。與妳談話感覺就像是聽妳讀詩一樣，眞的是非常美。

吉本：有段時期我曾經想過自己的頭腦是不是怪怪的，今天聽妳這番話之後知道我並不奇怪，眞是非常高興，因爲我現在才知道原來也有其他人是會這麼做的（笑）。我甚至有過在別人家偷偷移動花瓶的經驗，只因爲花瓶說：「我想向左移動三公分（笑）。」

KR：如果眞是這樣，那麼頭腦怪怪的也是一件很棒的事。

吉本：能夠遇到對這樣的生存方式感到自豪的人，對我眞是很大的鼓勵。一直以來有好多人對我說：「爲什麼這麼在乎這些小事？」所以聽妳這麼一說，我眞的受到很大的鼓勵。

KR：非常高興能夠與妳共享這段時光，我打從心底感謝妳。

© 2011 Seiya Nakano

吉本芭娜娜

一九六四年出生於東京。詩人兼思想家吉本隆明的次女，畢業於日本大學藝術學文藝科。八七年，以《廚房》獲第六屆海燕新人文學賞後出道。八八年，《廚房》獲第十六屆泉鏡花文學賞；同年《廚房》《泡沫／聖域》獲第三十九屆藝術選獎文部大臣新人賞。八九年，《鶇》獲第二屆山本周五郎賞。九五年，《甘露》獲第五屆紫式部賞。二〇〇〇年，《不倫與南美》獲第十屆雙叟文學賞。她的作品有三十多種語言譯本，九三年於義大利獲Scanno獎、九六年獲Fendissime文學獎、九九年獲銀面具文學獎等三個文學獎項。著有《忠狗的最後戀人》《蜜月旅行》《王國》《海豚》《幻影夏威夷》《South Point》《關於她》《橡實姊妹》《喂！喂！下北澤》等。

莫兒娜與我 2

莫兒娜最早教導我的，其實是身體工作，我在學習身體工作的過程中一邊學習荷歐波諾波諾，並開始體驗與實踐。有時我會實際接觸客戶的身體，有時當莫兒娜在進行身體調理時會叫我獨自靜心，後來兩個人一起靜心的機會就逐漸變多了。

或許是自己心中實際發生的某些事情讓我接觸到荷歐波諾波諾，而非來自知識，這是我剛開始從身體工作中學習到的。當我和莫兒娜一樣進行靜心，所獲得的並不只是知識，而可以自然的在心中開始實踐荷歐波諾波諾，這實在很難用言語來說明。

曾經有一個早上，我醒來後像個傀儡娃娃一樣很快的準備出門，然後比平常早進到辦公室。打開門就看見莫兒娜已經坐在門前靜心了，她睜開眼睛，語氣平穩的說：「太好了，客戶已經在等了。」因爲我比平常早到，可以在充分做好準備的狀態下開始工作。現在回想起來，感覺是莫兒娜拉著我做完那些事的。

與莫兒娜在一起時，有非常多類似的體驗。有一次兩人靜心得太久，到了午休時間還沒離開辦公室，結果電話響了，是一個客戶打來的，說他剛從遙遠的國家抵達檀香山，希望我們爲他進行個別課程。只要有莫兒娜在，所有事物總是會發生在最完美的時機點上。

莫兒娜經常清理「時間」與「日期」。她會仔細的看著行事曆上每一筆資料進行清理，甚至是幾個月後的空白行程，然後虛心的接受從數字、日程、行程上所感受到的事情，即使只是唸著四句話也好，現在我也會和莫兒娜一樣清理我的行程。

當時我每天都與莫兒娜一起進行靜心，同時清理實際上在彼此的心裡所體驗到的東西，並憑藉著靈感逐漸完成了「十二個步驟」（課程中所使用的手冊）。其中所使用的辭彙、段落、頁數都是藉由清理所決定的。雖然花了很多時間，但是藉由清理，一直到完成手冊之前，自然而然就做好進行「基本課程」的準備。修·藍博士也參與了這個過程。我知道在清理的過程中所能獲得的，絕不只有一件事，而是遠超乎自己所想像的。

於是我們在全世界各地展開課程，荷歐波諾波諾並獲得許多醫療機關及聯合國採用。

〈後記〉

透過清理發現真正的自己

個別課程的用意在於進行清理，並傳授荷歐波諾波諾的使用方法，也就是傳授清理的方法。清理會先從我的心裡開始，因爲客戶想問的問題其實一直在我心裡，只是我沒有發現罷了，所以我眞的非常感謝個別課程帶給我清理的機會。

每個人都有各種煩惱與痛苦，像負債、墮胎、疾病、死亡、失戀……但不管什麼問題，都已存在我的心中。透過課程，我清理自己，如此一來，客戶也會受到清理。在這個程序中發現「眞正的自己」的道路，眞的是非常光榮的一件事。

大家一起進行清理吧！

如果客戶是住在日本的少女，我便可以在自己家中（夏威夷）清理我心中關於少女的記憶。接著，如果這個少女開始進行清理，日本許多少女也會在心裡開始進行清理，就這樣在應該發生的地方，將記憶逐漸消除。我們每一個人在這個世界都處於絕佳的平衡，也生存於同一個時間點上。

從開始只有課程，發展到個別課程等程序，都是莫兒娜和我一起發現的。雖然是藉由不斷的靜心所出現的結果，不過我們都能進行很深層的清理。在這個過程中，我的身體、經濟與靈魂也才有了可以繼續個別課程的基礎。

我要感謝宇宙、莫兒娜、所有進行清理的人、所有的存在，讓個別課程與荷歐波諾波諾回歸自性法現在仍然得以進行。

感謝大家利用寶貴的時間閱讀了這本書。在人生的過程之中，我們隨時都可以獲得活出「眞正的自己」的機會。藉由學習荷歐波諾波諾、選擇清理、參與自己的人生，你與家人、戀人、朋友等所有身邊的人事物，都將會有所變化。

當你藉由清理放下回憶之後，「自由」就會隨時存在於此。不管自己身邊的人與環境處於怎麼樣的狀態之中，我們都可以藉由荷歐波諾波諾回到原本自由且完美的存在，回到你的人生、國家、地球本來的樣貌。

願平靜永遠存在。

KR

The Eurasian Publishing Group
圓神出版事業機構
用心與你對話・視野無限寬廣
方智出版社
Fine Press

http://www.booklife.com.tw reader@mail.eurasian.com.tw

新時代系列 153

零極限的美好生活——世上清理最久的人教你時刻體驗四句話的神奇

作　　者／KR（Kamaile Rafaelovich）女士
譯　　者／龔婉如
發 行 人／簡志忠
出 版 者／方智出版社股份有限公司
地　　址／台北市南京東路四段50號6樓之1
電　　話／（02）2579-6600・2579-8800・2570-3939
傳　　真／（02）2579-0338・2577-3220・2570-3636
郵撥帳號／13633081　方智出版社股份有限公司
總 編 輯／陳秋月
資深主編／賴良珠
責任編輯／張瑋珍
美術編輯／陳素蓁
行銷企畫／吳幸芳・施伊姿
印務統籌／林永潔
監　　印／高榮祥
校　　對／柳怡如
排　　版／陳采淇
經 銷 商／叩應股份有限公司
法律顧問／圓神出版事業機構法律顧問　蕭雄淋律師
印　　刷／祥峰印刷廠
2012年5月　初版
2024年2月　33刷

INFORMATION
〈TAIWAN〉 http://hooponopono-asia.org/tw/
〈U.S.A〉 http://www.self-i-dentity-through-hooponopono.com/

定價 260 元　ISBN 978-986-175-267-9　

你本來就應該得到生命所必須給你的一切美好！
祕密，就是過去、現在和未來的一切解答。

——《The Secret 祕密》

國家圖書館出版品預行編目資料

零極限的美好生活：世上清理最久的人教你時刻體驗四句話的神奇 /
KR（Kamaile Rafaelovich）女士 著；龔婉如 譯.
-- 初版. -- 臺北市：方智, 2012.05
224面；14.8×20.8公分. --（新時代；153）
ISBN 978-986-175-267-9（平裝）
1.超心理學 2.潛意識

175.9　　　　　　　　　　101004985